CHIKUMA SHINSHO

独学の技術

東郷雄二
Togo Yuji

ちくま新書

333

ちくま新書

独学の技術

東郷雄二
Togo Yuji

333

独学の技術【目次】

はじめに

現代の日本社会では、教育が高度化し、産業構造が脱工業化の傾向を強めるとともに、働く人に要求される知識・技能の量が増大しています。またバブル崩壊とともに到来した構造的不況のなかで、企業は新人教育を行なう余裕を失って、すぐに役に立つ即戦力を重視するようになりました。加えて業績の悪化した企業では、リストラという名の人員整理が行なわれています。このような社会環境のなかで、すでに社会に出て働いている人たちの勉強意欲が、かつてなく高まっているとも言われています。今よりも知識や技能を身につけることで、自分の価値を高めたいという動機からでしょう。高等教育機関の代表格である大学も、この流れに敏感に反応し、社会人入学制度を拡充したり、社会人が通いやすいように都心にサテライトセンターを設けたりしています。

その一方で、世界一の長寿国となった日本では、定年を迎えて第二の人生を過ごす人たちの学習意欲もたいへんなものだと言われています。それまで企業戦士だった人が、カルチャーセンターに通って源氏物語を勉強したり、六十歳を過ぎてからパソコン教室に通って、自分のホームページまで作ってしまった人もいます。文部科学省では生涯教育の充実を、政策の柱のひとつとして打ち出しています。中年を過ぎてから、あるいはそれ以上の年齢で勉強を始める人がたくさん現れたということです。

なかでも学習意欲が特に強いのは女性ではないでしょうか。私のまわりを見ても、大学を卒業して企業に就職した人のなかには、数年勤めたのちに会社を退職し、キャリア・アップを果たした人が大勢います。アメリカの名門大学院に環境政策を学びに行き国連職員をめざしている人、アメリカで弁護士資格を取得した人、海外の大学の教員になっている人もいます。その一方で、結婚して家庭に入った女性のなかで、子育てが一段落して、エネルギーを勉強に向ける人たちも大勢出てきました。日本では今後このような傾向はますます強まることと思います。そもそも日本の大学では、学生のほとんどは十八歳から二十二歳くらいまでの若者で占められていますが、海外の国々では事情はちがいます。学生の年齢はもっとばらつきが大きいのです。それは社会に出てからまた大学に入り直すという、大学と社会の還流システムができているからです。

さて、このように勉強したいという意欲はあっても、なかなか実現できない人もいます。その理由のひとつには、何を勉強したらいいのかわからないというものもあるでしょう。

しかし、それよりも多いと思われるのは、どのように勉強すればよいのかわからないというものだと思います。

世の中には大学受験必勝法のたぐいの本は溢れています。それは、小学校に始まり、中学・高校と続く学校教育の最終目標が、よい大学に合格することだと見なされているからです。しかし、この種の本が教えてくれるのは、いかに志望大学に合格するかというテクニックです。自分を豊かにしたり、自分の能力を高めるためには、どのように勉強すればよいのかという方法論ではありません。

この本は、すでに学校・大学を離れている人が、新たにひとりで勉強しようとするときに、具体的にどのような方法をとればよいのかという疑問に答えるものです。勉強には「技術」があります。技術とは単に高い点数を取るための「テクニック」ではありません。ある特定の領域において、ある目的を達成するために必要な、知識と方法を有機的に融合したものです。この本では、独学で勉強するための技術をできるだけ具体的に解説するようにしました。

ひとりで何かを勉強する場合に、特に必要なのは「情報力」です。学校に通って教室に座っているときには、情報は向こうから流れてきます。これは受動的な勉強の態度です。しかし、独学で勉強しようとするときには、ただ座っていては情報は流れてきません。うまく勉強できる人とは、上手に情報を集めてそれを生かすことのできる、「情報力」にすぐれた人です。本書ではどのようにして情報力を身につければよいのかという点にも多くのページを割きました。

第一章　勉強には技術がある

†勉強の技術

私は大学生のときに梅棹忠夫氏のベストセラー『知的生産の技術』（岩波新書）を読んだ。この本が出版されたのは一九六九年である。その当時私は本の末尾に、読んだ日付を書いておく習慣があった。そのメモによれば、私がこの本を読み終わったのは一九七二年の八月二十四日である。一読してたいへんな衝撃を受けた。この本は「知的生産」つまり勉強や学問研究のやり方を「技術」として具体的に解説したもので、この種の本としては最初のものである。

それまで私は、学校で勉強してきた過程で、勉強は教わったが勉強の仕方を教わったことはなかった。大学に入って、学習する内容は高校よりも高度なものになったが、誰も勉強の仕方を教えてくれることはなかった。そののち大学の四年生になり、卒業論文というものを書くことになったのだが、卒業論文の書き方は先生も教えてくれない。ではどうするかというと、先輩の書いた論文などを参考に、見よう見まねで書くのである。当然のことだが、それではよい卒業論文を書くことは無理で、試問の折りには試験官である教授から、誤字・脱字に始まり、論旨の不備、引用の間違いや不足、全体の構成の歪み、参考にした文献の不足など、手厳しい批判を受けることになる。

卒業論文は学部での勉強の集大成である。よい卒業論文が書けなかったということは、勉強の仕方がよくなかったということである。しかし、大学では誰もどうやって勉強や研究をするかということを、具体的に教えてくれない。これはおかしなことではないだろうか。

そんななかで、私には梅棹忠夫氏の『知的生産の技術』は衝撃であった。この本には、「勉強するには技術がある」と書いてあった。技術とは、ある具体的な目的を達成するための方法・手段を体系化したものである。技術の特徴とは、部分に分解できるということと、人に伝達できるということである。

スキーでうまく滑るには、一定の技術がいる。重心の移動、エッジの立て方、足の角度など、すべてを一連の動作として実現できなければ、うまく滑ることはできない。スキーの技術を習得するには、この一連の動作を分解して、ひとつひとつ習得することが必要である。

梅棹忠夫氏が『知的生産の技術』を書こうと思い立ったのは、勉強にも技術があり、その技術は分解して人に伝えることができるということを示したかったからである。これはそれまでにない発想だった。

この本の多くの読者と同じように、私はその足で大きな文房具店に走って行き、梅棹氏が使うことを奨めていた「京大式カード」を買い込んだ。そして次の日からカードに書き込みを始めたのである。この方法は私の研究生活で重要な役割を果たした。このカードは卒業論文を書くときも、修士論文を書くときも大活躍した。今では紙のカードではなく、パソコンのなかのデータベースへと形は進化しているが、していることは同じである。

勉強には技術があり、それは人に伝えることができるということは、私には大きな励みになったように思う。重要な発見・発明をした人や、大きな業績をあげた人を見ると、自分にはあんなことはできないと人は思いがちである。どうしてあんな重要な発見ができたのだろうかと、魔法使いでも見るような気持ちがすることもある。しかし、もしそんな人が発見に至った道が、説明不可能な天才の閃きとか神秘的なインスピレーションなどではなく、ある技術によるものであり、その技術が誰にでもできるものであったらどうだろうか。自分もその技術を学び実践すれば、その人と同じレベルではないにしても、ある程度の業績をあげることができるのではないかという気になるのである。

技術とはその定義からして普遍的なものである。ここで普遍的というのは、誰にでも習得でき、どのようなケースにも応用できるという意味である。この本で紹介したいのは、このような勉強の技術である。

†勉強の技術にはどのようなものがあるか

これから本書を読み進んで行くのに役立つ展望を示すために、勉強の技術にはどのようなものがあるかを、ここでかんたんに見ておこう。くわしくはそれぞれの項目で解説する。

さきに、技術は分解して人に示すことができると書いた。これと同じ原理を、勉強というものに適用する。つまり、勉強するとはどういうことかを、分解して理解するのである。勉強のパーツを数え上げると言ってもよい。

(1) 知識・情報を得る

勉強というとき、多くの人はこのプロセスを思い浮かべるだろう。確かにこれは勉強の中核的部分である。知識・情報を得るには、さまざまな手段がある。本を読む、辞典を引く、人にインタヴューする、講演・講義などを聴く、実地調査をする、図書館で調べものをする、インターネットから情報を集める。このすべてについて技術がある。本を読むにはそれなりの技術がある。読書術というものである。辞典を引くにも技術がいる。調べたいことを見つけるには、どの辞典をどのように引けばよいかを知らなくてはならない。市場調査などの実地調査には、相当専門的な技術が必要なのは言うまでもない。リサーチャーと呼ばれる人は、情報を調べる専門職である。

この本で、これらすべてについて解説することは不可能であり、また私にはその技量もないので、主に文科系の人が個人で勉強する場合に必要な技術に限定して解説する。

(2) 知識・情報を記録整理する

講義を聴いたらみんなノートを取るだろう。忘れないようにするためである。講義は聴きっぱなしでは、翌日になれば相当な部分をもう忘れている。本を読んでも読みっぱなしでは、内容は頭に残らない。知識・情報は記録しなくてはならないのである。

梅棹忠夫『知的生産の技術』が最も力を入れたのもこの部分である。この本で紹介された「京大式カード」は、知識・情報を記録整理し、活用するために開発された。

勉強を始めた段階の人がいちばん弱いのは、おそらくこの部分だろう。高校や大学の延長で、紐綴じ・スパイラル綴じの「大学ノート」を使っている人が多いと思う。最初はノートでかまわないのだが、ノートには致命的な欠点がある。勉強の程度があがったら、もう少し高度な方法にトライしてみよう。

この本では初心者に使いやすいものから、専門の研究者向けのものまで、いろいろな知識・情報の記録整理方法を解説する。

(3) 知識・情報を加工する

記録整理した知識・情報は、そのままでは役に立たない。自分の目的に応じて加工しなくてはならない。知識・情報の「加工」という言い方に戸惑う人もいるかもしれない。ここで「加工」とは、目的に沿うように内容・形式に手を加えることをいう。

一例をあげよう。「日本語の乱れ」というテーマで小論文を書くとする。まず下調べをする。新聞のバックナンバーで最近の日本語について書かれた記事を探す。図書館に行って、参考文献を拾い読みする。この作業で得た情報を、ノートにメモしたとする。さてここからが問題である。

あなたが小論文を書くには、ここまでの作業で得た情報から、必要なものを抜き出し、それを適切な順序に並べて、そこから何らかの意見や結論を導くようにしなくてはならない。これが知識・情報の加工である。理科系の学問や市場調査などの実地調査の場合、グラフ化したり統計処理したりする作業がこれに当たる。この本では文科系の人を念頭に置いているので、グラフ化や統計処理の話はしないが、文科系の場合でも、情報の加工は必要なのである。情報を加工していく過程で、新しいアイデアが生まれるのである。アイデアは無からは生まれない。

（4）人に伝える——文章を書く

勉強の最終段階は、人に伝えるということである。ここで人に伝えるというのは、広い意味で取ってもらいたい。私たちはしばしば勉強の成果を、人に伝えるという形で問われることが多い。ピアノを習っていれば発表会という形で自分の成果を披露する。絵を習っていたら、展覧会に出品して人に見てもらうだろう。勉強というのは、ひとりだけでする孤独な作業ではだめなのである。本書の題名と矛盾するように見えるかもしれないが、勉強とはつまるところコミュニケーションなのである。

私たちは至る所で人に伝える。クラスやゼミで発表する。会社の企画会議で企画を通すために上役を説得する。注文をとるためにクライアントにプレゼンテーションする。これらはすべて、自分がした勉強の成果を人に伝えているのである。

この本では主に、文章によって人に伝える場合を取り上げる。大学入試で小論文を書く、研究計画書を書く、卒業論文や修士論文を書く、授業のレポートを書く。このような場合に求められる技術は、すべて同じである。

文章を書くことを苦手に感じている人は多いようだ。大学の社会人入試のマニュアル本などでも、いちばん力を入れているのは小論文の書き方である。苦手な人が多いのは無理もない。私たちは学校教育のなかで、「論理的構成を持った文章」を書く訓練をほとんどしてこなかったからである。

文科系の場合、勉強の仕上げは文章を書くことである。そうでない勉強はややもすればひとりよがりなものになりがちである。

勉強の技術というと、ここにあげた以外のものを思い浮かべる人もいるかもしれない。受験勉強のときには、暗記が大きなウェイトを占めていた。英単語の暗記や、化学の元素表の暗記法などいろいろある。これから資格試験を受けようという人は、暗記しなくてはならないことがあるだろう。しかし、この本で特に念頭に置いているのは、第三章で述べることになるが、正解が決まっている問題に答えて点数を取るための勉強ではなく、ひょっとしたら正解がないかもしれない問題を考えていく勉強である。こういう勉強には、暗記法は役に立たない。

第二章　今なぜ勉強するのか

†勉強する動機

あなたはどのような動機で勉強しようとしているのだろうか。人間がある行動を起こすには、ふつう動機がある。勉強にもさまざまな動機があるはずである。動機によって、勉強のやり方も目標とするところもちがってくる。自分の勉強方法を確立するには、まず自分の動機を知ることから始めよう。

（1）キャリア・アップを目指す

企業で働いている社会人が、仕事に必要な資格を取得したり、大学院に入学したり、海外のビジネス・スクールでMBAを取得したりするケースである。現在よりもよい地位につきたいというポジティヴな動機と、リストラ対象者にはなりたくないというネガティヴな動機があるが、することは同じである。

このケースでは動機が非常にはっきりしている。雇用に関わる切実な問題だからである。また資格取得など、目標とするところも明確である。

このような動機によって勉強しようとしている人は、あまり本書を読む必要はないかもしれない。しかし、人によっては動機の明確さに比較して、実際の勉強方法が身についていないという人もいるかもしれない。資格取得ではなく、大学院に入学したり、海外の大学に留学する人は、入学してから自分の過去の勉強方法では通用しないことに気づくだろう。学習内容が高度になるにつれて、その感はいっそう深まるはずである。

（2）研究者をめざす

これは前項のキャリア・アップの変形版である。前項では現在勤務している会社などに居続けながら、自分の能力を高めるというものだった。キャリア・アップにはもちろん転職も含まれる。そのひとつとして、大学院に入学して将来研究者をめざすというものがある。

この希望を持っている人は意外に多いものである。私も自分が大学に勤務している関係で、卒業していく学生のその後の進路について、いろいろ見聞きする機会がある。企業に数年間勤務してから、退職して大学院に入り直すというケースはかなり目につくのである。大手都市銀行に入行して六カ月でやめて大学院に行った人、電鉄会社に十年勤務してから精神科医をめざしている人などさまざまである。

このような人たちには、ふたつの課題がある。まず大学院の入学試験を突破するための勉強をしなくてはならない。それもしばしば会社勤めと並行してである。次に合格して大学院に入ってから、研究活動につながる勉強をしなくてはならない。どちらの場合も、適切な勉強の技術が必要となる。それもかなり高度な技術が必要とされるケースである。

(3) 教養を高める

これは(1)(2)のように、資格取得をめざしたり、キャリア・アップを目標とするのではなく、自分の教養を高め、自分を豊かにしたいという動機である。

このような動機を持つ人はたくさんいる。会社勤めをしながら、仕事とは関係のないことを教養として学ぶために、カルチャースクールに通う人もいる。また定年退職してから、余暇の充実のために、カルチャーセンターや大学の公開講座に行く人もいる。結婚して家庭に入った主婦が、子育てが一段落して、大学院に入学するというケースも増えている。

このような動機による勉強は、「生涯教育」と呼ばれていて、後述するように文部科学省は教育政策の大きな柱のひとつとして位置づけている。総理府の『生涯教育に関する世論調査』(一九九九年)によると、生涯教育を始めたきっかけの第一位は「教養・能力を高めるため」で、五一・二パーセントを占めており、「現在の仕事や就職・転職に必要なため」の二二・六パーセントを大きく引き離している。第四位の「趣味を豊かにするため」の二〇・三パーセントもこの変種と見なせば、「自分の教養を高め、趣味を豊かにする」、つまり「自分を磨く」ために勉強したいと思う人が、全体の七割を占めているのである。

これはある意味で勉強の究極の姿ともいえる。資格取得のような「短期的実利志向」ではなく、自分の人生を豊かにしたいという、「長期的かつ非実利志向」に基づく動機は、勉強の本来の姿である「知の喜び」に通じる道である。「知の喜び」とは、かんたんに言うと、「わからなかったことがわかるようになるのは楽しい」ということである。

一例をあげよう。近年の宇宙論では、宇宙は膨張し続けるのか、それともいつかは収縮に転じるのか、議論が分かれており、ニュートリノという素粒子に質量があるかないかが決め手だという。宇宙はいつまで膨張するのかを知っても、実生活で役立つわけではない。しかし、宇宙の始まりのビッグバン以来膨張を続ける宇宙が、いつかは収縮するかもしれないと考えながら星空を眺めれば、それまでとはちがった世界の見方ができるかもしれない。

また日本人の祖先がどこから来たかという問題も、まだわかっていない部分が多い。シベリアからの北方説、ポリネシアからの南方説などいろいろな説が出されている。仮にこの謎が解明されても、私たちの実生活に直接に役立つことは何もない。しかし、私たちの祖先がどこから来たのかというのは壮大な謎であり、この謎が解明されれば、私たちの自己認識は確実にひとつ段階が上がるのである。

勉強の技術をいちばん必要としている人は、このような「長期的・非実利志向」によって勉強を志している人である。まず、この動機による勉強には、資格取得のような短期的で具体的な目標がなく、いつまでという時間の期限もない。具体的目標のない勉強には、常に迷走と挫折の危険が付きまとっている。

次にこの動機により勉強する人は、自分を豊かにしようとして勉強するのだから、ふだんの自分の仕事とは関係のない分野を選ぶ傾向が強い。いわば畑違いの領域に乗り出そうとしているので、今までとは勝手がちがう分だけ戸惑いも大きい。また、大学を卒業してずいぶん期間があいてからふたたび勉強を始めようとするので、そもそも勉強の習慣をなくしてしまっている人が多いのである。

†勉強を取り巻く環境

今大人の勉強熱が高まっていると言われている。特集を組んでいる雑誌も多い。勉強は高校まで、あるいは大学までで、実社会に出れば実務の世界が待っている、というのが今までの一般的イメージであった。それがなぜ大の大人が勉強しなくてはならないのだろうか。

短期的に見れば、一九九〇年に始まったバブル経済の崩壊による長引く不況のなかで、勤労者が雇用継続に不安を感じているという状況がある。企業の業績が回復しないなか、リストラという名の人員整理の対象にならないためには、自分の能力を高めるしかないということである。しかしこれはあまりに短期的な見方に過ぎる。

もう少し長期的な展望に立って眺めると、私たちは気が付いてみれば、何歳になっても勉強しなくてはならない社会に生きているのである。それは、日本が十九世紀に始まった「工業化社会」から、「高度知識社会」へと移行しているからである。このことがはっきりとうたわれたのは、一九九九年にドイツのケルンで開催された先進国首脳会議G8においてである。ケルン憲章として知られる宣言の一部を引用してみよう。

すべての国が直面する課題は、どのようにして、学習する社会となり、来世紀に必要とされる知識、技能、資格を市民が身につけることを確保するかである。経済や社会はますます知識に基づくものとなっている。教育と技能は、経済的成功、社会における責任、社会的一体感を実現する上で不可欠である。

引用のなかの「来世紀」とは、私たちが生きているこの二十一世紀であることに注意しよう。この宣言を受けて、二〇〇〇年四月に東京で開かれたG8教育大臣会合・フォーラムでは、ケルン憲章の方向をいっそう押し進めた宣言を採択している。そのなかで、ケルン憲章の精神は次のように位置づけられている。

教育と生涯学習は、伝統的な工業化社会から顕在化しつつある知識社会への変容の中での柔軟性と変化に適応するために必要な「流動性へのパスポート」を個々人に付与するものと宣言された。

要するに、これからの社会を生き抜いていくには、教育と生涯学習によって、高い知識を身につけなければならないということである。フォーラム報告の次のくだりはさらに刺激的である。

知識社会は重要な機会を提供すると同時に、現実的な危機をもたらすものである。知識社会においては、これまでの学習や教授のあり方に根本的な変化が求められる。すなわち、学習機会を提供するに当たって、その内容及び形態を新たに組織し直すこと、学習者の知的・情緒的・社会的要求を把握し直すことが求められる。労働市場で求められる技能レベルは高く、すべての社会は教育レベルの向上という課題に直面している。高い技能レベルを身につけ維持できる者は社会的にも経済的にも大成功を収めることができるが、そうでない者は安定した職業及び、その職業によって得るべき社会的・文化的生活活動に必要な収入を得る見通しも立たない状態で、かつてない疎外の危険に直面している。

私たちが生きている高度知識社会では、二十世紀型の工業社会のように、型にはまった製品を大量生産していては、やっていけないのである。このことは、インターネットの普及によるいわゆる「ＩＴ革命」が、どれだけ産業構造を変えつつあるかを見ても実感できるだろう。有名な大企業が急速に業績を悪化させ、ついこのあいだできたばかりの新しい企業が売り上げを伸ばしている。高度知識社会は、そこに生きて行く人たちに、高いレベルの知識と技能と、変化に対応できる能力を要求する。引用したフォーラム報告のくだりは、そのことが社会に危機をもたらし、疎外を生む可能性に警鐘を鳴らしているのである。

なぜ高度知識社会が疎外を生むのだろうか。それは知識と技能が「流動性へのパスポート」として働き、それを持っている人には大きなチャンスを提供する一方で、それを持っていない人は、「安定した職業及び、その職業によって得るべき社会的・文化的生活活動に必要な収入を得る見通しも立たない」からである。要するに、知識と技能の有無によって、社会格差が今までより増大すると警告しているのである。

近頃「ナレッジ・ディヴァイド」(knowledge divide)という言葉をときどき耳にするようになった。知識を持つ人と持たない人のあいだで生じる、経済的・社会的格差を意味するこの言葉が使われるようになった背景には、右のような事情があるのである。

今大人が勉強し始めたのは、ここ十年続いている不況によって雇用に不安を覚えているということだけが理由なのではない。その底流には、今まで誰も経験したことのない「高度知識社会」の到来というもっと大きな理由があり、誰もがそのことを肌で感じているからなのである。

というわけで、高校・大学を卒業して、勉強はこれで終わりというわけにはいかなくなった。生涯教育の時代を迎えたのである。わが国では実は非常に早くからこの事態に対処しようとしている。一九八一年には中教審が、生涯学習社会の実現をめざす答申を出している。具体的には、一九八九年の中教審の答申を受けて、一九九〇年に通称「生涯学習振興法」が制定されて、生涯教育は国の基本政策となった。生涯学習には、リカレント教育やリフレッシュ教育などがあるとされている。リカレント教育(recurrent education)の「リカレント」とは、「循環する」「周期的に起きる」という意味で、従来は学校を卒業して社会に出ていくという一方通行だったものを、逆に社会からふたたび学校に還流する道を作ることをいう。リフレッシュ教育とは、リカレント教育のなかで特に、社会人が知識を高め技能を磨くために、いったん実務の世界を離れて、大学・大学院などに再入学し、その後また社会に戻ることをいう。

†生涯教育の促進

文部科学省に設置された生涯教育審議会では、一九九二年の答申で次の点を重点事項としている。

①社会人対象のリカレント教育の推進

②ボランティア活動の支援
③青少年学校外活動の充実
④環境問題・国際問題などの学習機会を増やすこと

そして以上の目的を達成するために、大学の社会人入学枠の拡大、リカレント教育・交流プラザの設置、企業の教育休暇制度の充実などを提言している。

このような審議会の答申は、文部科学省の発行する教育白書にそのまま反映された。平成八年度の教育白書は「生涯学習社会の課題と展望」と題されており、生涯教育は教育政策の重要な柱として位置づけられている。平成十一年度の教育白書の第一章は、「生涯学習社会の実現に向けて」と題されており、文部科学省の力の入れようがよくわかる。

この施策を受けて、地方自治体では「生涯学習審議会」の設置が進み、平成十一年現在で、三六都道府県、一九九四市町村ですでに設置されている。また拠点施設として、生涯学習センターが置かれている所も多い。

取り組みは文部科学省だけではない。厚生労働省は平成十年から「教育訓練給付制度」を立ち上げた。これは雇用保険の被保険者の資格のある人が、厚生労働大臣の指定する講座を受講して勉強した場合、受講料の八割（二〇万円を限度とする）を払い戻してもらえるというものである。詳しくは社団法人全国産業人能力開発団体連合会のホームページ

(http://www.jad.or.jp/)を参考にするとよい。このページではまた、給付の対象となる優良講座のリストがあり、自分の学びたい分野ではどのような講座が開かれているかを検索することができる。

このように国をあげての生涯教育への取り組みのおかげで、勉強しようとする人にとっては、追い風が吹いているのである。このような機会をみすみす見逃す手はないだろう。このチャンスを利用して、自分を磨くために勉強することをお奨めするゆえんである。

「教育訓練給付制度」の概要

●支給対象者

1、雇用保険の被保険者または被保険者であった者が、労働大臣の指定する講座を受講し、修了基準を満たして修了が認められた場合。被保険者でなくなってから一年以内に受講を開始した場合に限る。

2、雇用保険の被保険者であった期間が通算して五年以上であること。転職等で複数の会社に勤めた場合も対象となるが、雇用保険の被保険者期間が一年以上とぎれていた場合は対象外となる。

3、過去に教育訓練給付制度を利用したことがある場合は、それから五年以上経過していること。

●支給額

受講料の八割に相当する額（限度額二〇万円）が給付金として支給される。ただし、この額が八〇〇〇円以下（受講料が一万円以下）の場合は支給対象外となる。

†大学の事情

勉強への追い風は、行政の取り組みばかりではない。代表的な高等教育機関である大学の抱える事情が、これに拍車をかけている。その原因は、受験人口の急激な現象（いわゆる少子化問題）と、国立大学の行政法人化である。

大学を受験する年齢の十八歳人口は、平成四年（一九九二年）の二〇五万人をピークとして減り続け、平成十年度には一六二万人に減ってしまった。平成二十一年には、一二〇万台になると予想されている。今まで受験競争の緩和のために、大学の新設、学部の増設、入学定員増などで、大学生の数を増やしてきたのだが、ここへ来て一転して受験人口が減ってしまったのである。

受験人口が減少すると、定員割れを起こす大学が出てくる。私立大学では重要な収入源である受験料収入が減る。四年制の私立大学入学志願者は、ピークの一九九二年は四四五万人だったが、二〇〇一年は二九〇万人に減っている。二〇〇一年に定員割れを起こした私立大学は四九三校で、実に全体の三割にのぼる。今後経営危機に陥る大学が出てくるかもしれない。大学の冬の時代が叫ばれるゆえんである。

大学もこのような事態を手をこまねいて見ていたわけではない。受験生から見て魅力のある学部・学科を新しく作ったり、大学情報を積極的に公開したり、オープン・キャンパスを実施したりと、さまざまな手を尽くしている。

それと並んで重要な施策は、入学選抜試験の多様化である。通常の筆記学力試験以外に、さまざまな形式の選抜試験が行なわれるようになった。なかでも多いのはアドミッション・オフィス入試（AO入試と略される）に代表される、面接と小論文を中心とした、人物本位の選抜試験である。

入学選抜試験の多様化の一環として、社会人入学制度を設ける大学が急増した。社会人入試制度のある大学は、一九九一年には一一三大学（一八三学部）だったのが、一九九九年には三三六大学（六七八学部）に増加している。この制度を利用して、全国で年間に五〇〇〇人以上の社会人が大学に入学し、八〇〇〇人以上が大学院に入学している。大学は社会人に大きく門戸を開き始めたのである。

十八歳人口の減少に加えて、国立大学の独立行政法人化が、この傾向に拍車をかけている。独立行政法人化とは、従来国の機関として行なっていた行政サービスを、国から切り離して法人格を与えた機関に行なわせるものである。すでに国立美術館・博物館や一部の研究所が、独立行政法人に移行している。文部科学省は国立大学も独立行政法人にする計画を進めている。

独立行政法人になるとどうなるかは、制度設計がまだ済んでいない現時点では、わからないことのほうが多いのだが、ひとつだけはっきりしているのは、大学は教育・研究についての中期的努力目標を立てて、それを実現したかどうかを第三者機関にチェックされるようになるという点である。実現すべき目標のなかには、どれだけ社会に開かれた大学になっているかという項目が必ず含まれる。国の施策である生涯学習社会の実現に、大学としてどれだけ努力しているかを問われることになるのである。

このような大学を取り巻く外的事情もあって、社会人が大学・大学院で学ぶ機会は、ここ十年ほどで飛躍的に増加した。社会人が勉強しやすい環境ができつつある。勉強したいと思っている人が、自分の希望を実現できるチャンスが増えているのである。これは歓迎すべき傾向と言えるだろう。

†知の世界に参加する

ここまではどちらかというと、勉強を取り巻く外的状況について話をしてきた。しかし言うまでもないことだが、勉強というのは外から追い立てられるようにしてするものではない。いちばん大事なのは内から起きる内発的動機である。

勉強することによって感じることのできる最も大きな喜びは、「知の世界」に自分も参加できるということである。東京大学教養学部の先生たちが一九九四年に『知の技法』(東京大学出版会)という本を出版し、ベストセラーになった。新聞や週刊誌にも取り上げられて、当時ちょとした話題になったものである。この本が売れていちばん驚いたのは当の東大の先生たちだったという。しかもこの本をいちばん多く買ったのは三十代の社会人であった。

たくさんの人がこの本を買った動機のなかには、東京大学という日本のトップクラスの大学にたいする漠然とした憧れもあっただろう。しかし、それだけではなく、この本が指し示している「知の世界」に引きつけられる所があったにちがいない。

知の世界の最も大きな特徴は、「時代を超えた普遍的な共同体」をなしているということである。学問の世界に国境はない。言葉の壁は依然として存在するが、それをクリアすれば、どんなに離れた所にいる人でも、その考えを知り、問題を討議することができる。共通の問題を考えている人どうしでは、どんなに言葉がつたなくても考えは通じるものである。また学問の世界は時代を超えることができる。私たちは書物を読むことで、例えば十七世紀に生きたデカルトのぶつかった問題とその解決法を知ることができる。

現代の世界は政治的国境によって、また地理的事情によって分割されている。その境界線はときに越えがたいこともある。しかし、目に見える国境や地理的区分とは関係なく、目には見えない知の共同体というものがある。この知の共同体には、過去・現在・未来のあらゆる時代、世界中のあらゆる地域の人が参加している。この共同体の天空には、アリストテレス・ガリレオ・アインシュタイン・カントなどのビッグネームが綺羅星のごとく輝いているのである。

勉強し何かの問題を考えるということは、それがどんなにささやかなものでも、この共同体に連なるということである。そう考えただけで、何か誇らしい気持ちにならないだろうか。

【ブックガイド】

◆和田秀樹『四〇歳から何をどう勉強するか』(講談社)

精神科医の著者が大人の勉強を、認知心理学の知見から考察したもの。四十歳を越えても新しいことは学べると著者は力説している。同じ著者に『大人のための勉強法』（PHP新書）がある。

【サイトガイド】

◆教育白書（文部科学省）
http://www.monbu.go.jp/hakusyo/hakuindx.html

◆厚生労働省（教育訓練給付制度）
http://www2.mhlw.go.jp/topics/seido/anteikyoku/kyouiku/index.htm

◆ケルン憲章
http://www.aurens.or.jp/hp/miz5104/gozonji/kerun.htm

第三章　勉強するとはどういうことなのか

†勉強には二種類ある

具体的な勉強の方法に取りかかる前に、ここで勉強するとはどういうことなのかを少し考えてみたい。何をいまさら当たり前のことをと言わないでほしい。この点を考えてみると、あなたがどういう勉強をしたいと思っているのかが明らかになる。それによって勉強する場所も、勉強の方法も変わってくるのである。

まずここで言う勉強とは、小学校・中学校の義務教育期間と、大部分の人が進学する高校での勉強とはちがう。つまり高校までの中等教育のあいだ、誰もがしている勉強とは性格を異にするということが言いたいのである。

小学校での勉強を思い出してほしい。算数の時間には九九を習う。九九は計算の基礎であり、誰もが知っていなくてはならないものである。中学校の歴史の時間には、歴史年表の主なものを学ぶ。明治時代の前は江戸時代で、徳川幕府を開いたのが徳川家康であることを習う。これもまた誰もが知っていなくてはならないことに属する。知らないと常識のない人と思われてしまう。

要するに、高校までの中等教育期間では、「誰でもしていることができるようになる」（たとえば四則演算）、「誰でも知っていることを知るようになる」（例えば日本の歴史）ということが目標である。社会人として生活していくのに、最低限必要な技能・知識の取得が目標なのである。

この段階までの勉強は、むしろ「習う」という言葉がふさわしい。私たちは教室の椅子に座って、知識・技能を持つ先生から「習う」のである。これは「習得型」の勉強であり、おおむね「受動的」であり、習熟度を測るために試験で「点数」をつけられる。また出題される問題には、つねに「正解」がある。またお互いのあいだでどちらが高い得点を得たかを「競争」する。

この本でみなさんにお奨めしたいのは、このような「勉強」ではない。右に述べたような勉強を、仮に「勉強（A）」としておく。これと対照的なものを「勉強（B）」とすると、「勉強（B）」は「勉強（A）」の特徴をすべて逆転したものになる。

勉強（A）
先生から習う
受動的である
点数をつけられる
正解がある
得点を競争する
問題は与えられる

勉強（B）
自分で学ぶ
能動的である
点数では計れない
正解がない
得点を競争しない（できない）
問題は自分で探す

勉強（B）は、先生から習うという受動的態度ではなく、自分から学ぶという能動的態度による勉強である。この時点で「習い事」「お稽古事」タイプの勉強はこの本の視野からはずれることになる。

カルチャーセンターに通って華道や書道を習うのは「お稽古事」である。それ自体は悪いことではない。しかし勉強（B）はそれとは性質がちがう。ここで奨めたいのは、お稽古事ではない勉強なのである。

勉強（B）は先生から問題を与えてもらって、ひとつしかない正解を出して、よくできましたと点数をつけてもらうものではない。自分で問題を発見し、考えて自分の見解を出すのだが、正解はひとつではないことが往々にしてある。

いきなり勉強（B）をやりなさいと言われても、どうすればよいのかわからないという人もいるかもしれない。しかし、社会人として仕事をしている人は、仕事の世界は勉強（A）のような態度では通用しないということをよく知っているのではないだろうか。実務の世界はあらかじめ正解が決まっていないこともある。またこれだけ変化の激しい時代では、昨日までの正解は、今日はもう正解ではないかもしれない。この本では勉強（B）を主眼に置いて、それを実現するにはどのようにすればよいかを解説したい。

†勉強する人のタイプ

あなたが一念発起してこれから勉強しようと決めたとする。最初にあなたが次のどのタイプに属するのかを知ることから始めよう。

（1）資格取得型
今の仕事に必要だから、あるいは将来のことを考えて、資格を取得することをめざすタイプである。宅建や中小企業診断士のように、実務に直接役立つ資格をめざす人が多いだろう。MBAをめざすのもこのタイプである。

資格を取るための勉強はだいたいコースができている。何をどのくらい勉強すればよいのかが、過去の事例から明らかなので、問題はどのように勉強する時間をひねり出し、能率的に勉強するかである。目標は短期的であり、勉強の仕方についてあまり迷う余地はない。またこの場合どのような教育機関に通うかも、比較的かんたんに決まるだろう。あとは本人のやる気の問題である。

（2）問題解決型

今の仕事で何か問題を抱えていて、それを解決するために勉強するタイプ。例えば海外との特許の係争問題があり、特許関係の法律を学ぶために法学関係の学校に通うというようなケースである。このように、抱えている問題が短期的・具体的な場合には、（1）の資格取得型の勉強とよく似たものになる。

ただし、抱えている問題が、仕事に必要な英語が苦手だというように、恒常的で自分の潜在的能力にかかわる場合は、（4）の能力向上型になる。

（3）経験活用型

自分がビジネスや教育などの現場で経験を積んできたので、それを基盤としてより体系化することで、社会に役立てたいとするタイプ。例えば子供の学習問題の相談室で相談員をしていて、いろいろな事例を目にし、大学の心理学で臨床心理学を学ぶことで、自分の経験を生かしたいというようなケースがこれである。

このような人が大学院などに入ると、ややもすれば自分の豊富な経験が、学問としての心理学を学ぶ障碍《しょうがい》となることがある。自分の経験ではこうだったからと、過度に一般化しすぎるのは危険である。経験は経験として、新しい気持ちで学ぶという態度が必要だろう。

ただし、このタイプは自分の経験を生かしたいという強い動機がある分だけ、勉強に有利である。上に述べた点に注意すれば、成功することが多い。大学や大学院の社会人入学に向いていると言える。

(4) 能力向上型

自分の能力を高めたいというのが勉強する動機の場合。資格を取るというような短期的で具体的な目標がなく、長期的で成果が上がるのに時間がかかるケースである。自分の能力を高めたいとは誰しも一度は考えることだが、具体的行動に踏み出す人は少なく、始めても途中で挫折することが多い。これはなぜだろうか。

ものの本によると、ひとつの外国語を習得するには延べ九〇〇時間、ピアノが弾けるようになるには一〇〇〇時間かかるという。九〇〇時間というと、毎週三時間勉強したとして、六年近くかかることになる。辛抱がいるのである。

単調になりがちな勉強を続けるためには、次のようなことが必要だろう。

(a) 短期的なほうびがある

外国語学習ならば、英検二級などの免状、ピアノの練習ならば発表会がこれに当たる。はるか彼方の山の頂上をめざして登るのはたいへんでも、すぐそこに見えている尾根までは比較的かんたんに行ける。短い時間で形になるものがあると続くものである。行動心理学ではこれを「強化」と呼んでいる。

(b) 目標を達成した自分をイメージする

外国語がペラペラ話せる自分、ベートーベンのソナタを弾いている自分をイメージする。そうなりたいと思う気持ちは、前に進むための重要な燃料である。自分以外に他の人を理想の目標として設定するのもよい。

(c) 仲間と勉強する

ひとりで根気のいる勉強を続けるのはむずかしい。特に外国語の独学はほとんど不可能と言ってもいいだろう。やはり学校に通って仲間と勉強するほうが長続きする。自分よりよくできる人がクラスにいたりすると、その人が目標になる。

(d) 恥をかく

自分の部屋でひとりで勉強していると、恥をかくことはない。しかし、学校に通って他の人たちといっしょに勉強していると、他の人が知っていることを自分が知らなかったり、他の人ができることをできなかったりすると、恥をかくことになる。これはもっとできるようになろうという向上心のもとになる。恥をかくことを恐れてはいけないのである。

(5) 知識欲型

自分の知識を豊富にしたいという動機で勉強するタイプ。知識欲自体は非常にけっこうなものである。ないよりはあったほうがよい。しかし、単に知識欲から勉強する人は、あれこれとたくさんのものに手を出し、どれもものにならない場合が多い。へたをすると雑学博士になってしまうこともある。

雑学博士が悪いとは言わないが、こういうタイプの人にしばしば欠けているのは、首尾一貫性と体系性である。世に語学好きと呼ばれる人がいて、いろいろな外国語をかじって、「私はあなたが好きです」という文章を二〇の言語で言えるという人がいる。しかし、こういうことにはあまり意味があるとは思えない。それよりも、ひとつの外国語に習熟して、自分の考えを十分に述べられることのほうが意味が大きい。単に知識の量を増やすのは、本当の勉強とはちがうのである。

（6）知的憧れ型

知的なもの、知的な人に憧れて勉強しようとするタイプ。知的なものへの憧れはもちろん悪いものではない。子供の頃にアインシュタインの伝記を読んで、自分も科学者になろうと夢見るというのはひとつのパターンである。

しかし、私の見た限りでは、知的憧れ型の人は、大学などの知的な環境に身を置いたり、知的な人の話を聞いたりすることで、満足してしまうことが多いようだ。

せっかく勉強しようというのに、これではもったいない。こういう人に必要なのは、自分自身が知的な人になるには、どうすればいいかを考えることである。勉強とは誰かに教えてもらうものと考えるような受け身の態度では、これはむずかしい。知的ということは、自分の頭で考える力を持つということである。

†本当の勉強をめざして

さてあなたがめざしている勉強はどのタイプのものだっただろうか。もちろん仕事に必要な資格などを取得するという短期型の勉強も大事な勉強である。しかし、すでに述べたように、このタイプの勉強はパターンが決まっていて、書店に行けば資格取得のガイドなどはたくさん見つかる。だからこの本であらためて同じことを解説する必要はない。

この本で特に解説したいのは、先に述べた「勉強（B）」である。つまり、正解が決まっていなくて、点数で計ることができず、自分で問題を見つけなくてはならない、能動的な勉強である。

日本は「高度知識社会」を迎えようとしている。高度知識社会に生きる人は、伝統的な工業社会におけるよりも、高度な技能・知識を必要とされると言われている。しかし、この言い方は一面的で、落とし穴があることも事実である。それは単にたくさんの知識を持てば、この社会で生きて行けるかというと、必ずしもそうではないからである。

高度知識社会は変化の激しい社会でもある。携帯電話が普及して、固定電話の加入者は減り、町中から公衆電話は姿を消しつつある。かつて高校生の必須アイテムだったポケベルは、加入者が激減して、ポケベルの会社は完全な斜陽産業になってしまった。この変化が起きるのに、十年しか要していない。

与えられた問題に、ひとつしかない正解をいかに早く出すかという受験技術のような勉強は、このような場合にはあまり役に立たない。役に立たないどころか害悪ですらある。持っているたくさん知識があったり、情報を集める能力があるだけでは、不十分である。持っている知識・集めた情報を吟味し分析して、そのなかから問題を発見して、自分なりの見方ができるようでなくてはならない。ひょっとするとただひとつの正解などないかもしれない。混沌としてわからないという状態が長く続くかもしれない。勉強（A）に慣れきった人は、このような状態には耐えられないだろう。

本当に知的ということは、問題を解く力があるということではなく、自分で問題を発見する力があるということであり、またわからないという状態に耐えることができるということなのである。

【ブックガイド】

この章の内容に関係する本としては次の一点をあげておく。

◆苅谷剛彦『知的複眼思考法』（講談社）

著者は予備校が大学生を対象に実施したアンケートで、ベストティーチャーに選ばれた経歴を持つ東京大学教育学部教授。知識を受容する立場からいかにして自分の頭で考えるかという方法論を論じていて、読み応えのある本である。

第四章 どこで勉強するか

†勉強することは自分を見つめ直すこと

さて、あなたが勉強しようという意欲に溢れているとしよう。次にすることは、どこで何を勉強するかを決めることである。これは、あなたが何をどこまで勉強することを必要としているかということと（これを要因Aとする）、どこへ行けば何がどれだけ勉強できるか（これを要因Bとする）という、ふたつの要因を掛け合わせることで答えが決まる。例えば、会社に勤めていて英語力が要求されるようになったとする。あなたは英語力を身につけたい。これがあなたの要因Aである。ではすぐに勉強しに行く所が決まるかというと、これが案外そうでもない。英語が勉強できる所は、たくさんある。民間の外国語学校もあれば、短大・大学の社会人講座もあり、大学・大学院に再入学することもでき、海外に留学するという場合もある。この要因Bの選択肢からどれかを選ぼうとすると、あなたは必然的に、自分は本当は何をどれくらいやりたいのかという要因Aに立ち戻らざるを得ない。この段階で、自分は何のために勉強することを必要としているかを、もう一度深く見つめることが求められるのである。

あなたが英語が得意でないので、会社での仕事に不自由を感じていたとする。だから英語がもっとできるようになりたい。ここまでは誰でも考えることである。ではどの程度できるようになればよいのか。外国人との接触の多い職場で日常会話に不自由しない程度でよいのか、それとも海外ビジネスで使いこなすくらいの英語力を必要としているのか、あるいはあなたが本当に必要としているのは、実は英語ではなく、英語を使ったビジネス力ではないのか。

日常会話ができるようになりたいという目的ならば、民間の外国語学校でよいだろう。仕事を持つ人が通いやすいように、便利な場所にあり、仕事が引けてから通えるように夕方から夜にかけてのクラスがある。しかし、もっと高度な英語力をつけようとすれば、それでは物足りないかもしれない。外国語を学ぶということは、言葉の背景となる文化やものの考え方を学ぶということでもある。その国の文化をもっと知りたいと思えば、短大・大学の社会人講座がよいかもしれない。さらにあなたが本当に必要としているのが、英語を使ったビジネス力であるのなら、ここは一念発起してビジネス・スクールのMBA講座に入るのがよいのかもしれない。しかし、このように高度な目標を立てると、それに比例して時間的・金銭的負担が増加する。仕事のかたわらに学ぶのではなく、場合によっては休職あるいは退職する必要もあるかもしれない。自分の人生設計を変更しなくてはならなくなることもある。勉強するということは、このように自分を見つめ直すということでもあるのだ。これもまた勉強の大きな効用であると言えるだろう。

ここからは具体的にどこで何を学ぶことができるかを見てみよう。「はじめに」でも書いたように、ひとりで勉強する場合に必要なのは「情報力」である。逆に言えば、ひとりで勉強しようと努力していると、ひとりでに情報力が身につくことになる。ここで言う「情報力」とは、その時点で自分が求めていること、解決しようとしている問題に必要な情報を、さまざまな手段で入手し、それを整理・分析して自分に役立てる力を言う。情報の入手にはいろいろな手段がある。人にたずねるというコミュニケーション重視型、本屋に行って必要な本を買って読むという読書型、図書館に行って資料を調べるという探索型、これらはそれぞれに重要なものである。しかし、世はインターネットの時代である。インターネットの普及によって、独学者は便利な手段を手にするようになった。以下ではインターネットを使った情報の収集にも触れる。

民間の外国語学校やカルチャーセンターについては、広告も行われているし情報を得ることも比較的かんたんなので、特に解説はしない。各自調べていただきたい。以下では手軽に学べるものから解説する。

†行政の提供する講座

教育白書でうたわれた生涯学習社会の実現という施策に基づいて、地方自治体がさまざまな学習機会を提供している。自分が住んでいる市町村の広報や、市民便りとして配布されているものを見れば、どのような学習機会があるかを知ることができる。

インターネットでは文部科学省生涯学習政策局の提供している「まなびねっと」(http://www.manabinet.jp/)が便利だろう。ホームページの「地方自治体」をクリックすると、日本全国の自治体の提供する情報にアクセスできる。試しに神奈川県横浜市を選んでみると、横浜市教育委員会の生涯学習ページ「はまなび」がある。「生涯学習情報システム」を検索すると、学習施設、公開講座の一覧、資格試験、学習サークルの紹介などの情報が満載されている。公開講座の検索ページから、「心理学」をキーワードに検索すると、市民講座「性格心理学」全一二回というのがあり、受講料は六〇〇〇円である。また横浜市では、区役所のなかに生涯学習支援センターを設置しており、専門の相談員がアドバイスをしてくれるようになっていることもわかる。

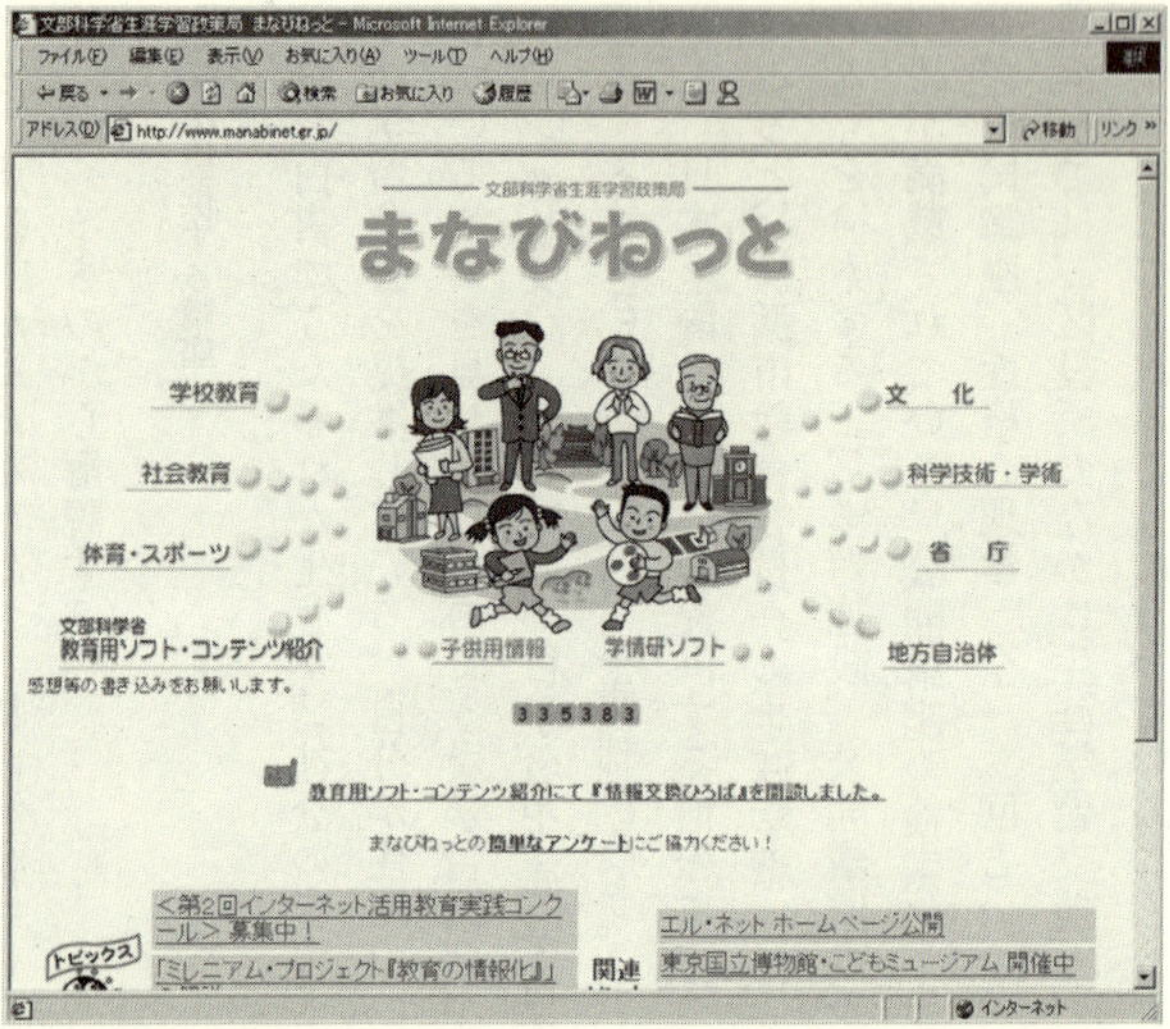

図1　まなびねっとのホームページ

†大学の公開講座

大学では研究内容の社会への還元という観点に立ち、以前から一般市民対象の公開講座を開いている。公開講座は定期的に開かれていて、葉書などで事前に申し込むことになっている。無料のこともあるが、若干の受講料を払うこともある。平成九年には、一年間に六四万三四六三人が全国の国立大学の公開講座で学んでいる。また現在大学の七〇パーセントが何らかの公開講座を開いている。

先ほどの「まなびねっと」(http://www.manabinet.jp/) を利

用して、全国の大学の公開講座情報を得ることができる。ホームページのなかの「社会教育」という項目から、全国の国立大学と私立大学の公開講座情報にリンクが張られている。ためしに京都大学を覗いてみると(http://www.adm.kyoto-u.ac.jp/Official/forum/)、総合人間学部と人間・環境学研究科の公開講座「極限の環境とヒトの適応」が二日間にわたって開かれている。講義内容は「宇宙環境における体力的適応」「ヒトが精神的に死ぬとき――極限の社会環境」「地球温暖化を生きる――驚異の仕組み　選択的脳冷却」などで、受講料は五八〇〇円である。すぐに役立つ内容ではなく、「教養を高める」ことを目的とした内容である。数理解析研究所では「数学入門」が五日間にわたって開かれており、受講料は七〇〇〇円である。受講資格は特になく、誰でも七〇〇〇円を払えば京都大学の先生に数学を教えてもらえるのである。一般に国立大学では社会的還元という観点から、受講料は安いのがふつうであり、回数も春と秋に一度ずつというように少ないことが多い。「まなびねっと」からもリンクが張られているが、財団法人日本生涯学習総合研究所(http://www.shogai-soken.or.jp/cgi-bin/kouzanet/kouzanet.cgi)の公開講座ネットには、首都圏と関西地域(京都・大阪・兵庫)の私立大学の開いている公開講座がリストされている。私立大学のなかには、大学の本体とは別に、交通の便利な都心にエクステンションセンターを置いて、公開講座に力を入れている所も多い。これらの大学では通年で公開講座を開いており、まさに社会人のための大学の観を呈している。

例えば早稲田大学エクステンションセンター（http://www.waseda.ac.jp/extension/index-j.html）では、現在講座数九〇〇、受講生は一万八〇〇〇人にのぼる。講座の内容も充実していて、外国語講座やさまざまな資格講座（貿易実務、シスアド、中小企業診断士など）をはじめとして、文学・映画などの教養から太極拳の講座まである。受講料は二万円から三万円くらいのものが多い。大学の公開講座は、その大学に入学しなくても、有名な教授の講義を聴くことができるというメリットがある。例えば早稲田には、劇作家平田オリザの演劇講座などというものもある。

公開講座はどのような動機から勉強する人に向いているのだろうか。筆頭は「教養を高め自分を豊かにする」という目的で勉強する人だろう。大学ではその性格上、語学・文学などの文科系の教養講座を開いている所が多い。受講料も比較的安いし、信用のある大学なのだから安心して申し込むことができる。おまけに講義形式の講座が多いので、学生時代のように座席に座って話を聞くのが中心で、勉強するのに特別の技術は必要なく、独学の初心者に向いていると言える。

もちろん種々の資格取得講座もあるので、会社に勤めるかたわら自分の能力を高めるために勉強しようという人も、あまり力まずに始められる勉強だと言える。

†放送大学

放送大学は一九八四年に特別立法によって設置された、テレビ放送のみによる大学である。初めは放送エリアが限られていたが、一九九八年からはCS放送のスカイパーフェクTVを利用して、全国どこでも視聴できるようになった。テレビ放送とは別に、都道府県に学習センターが置かれていて、そこに足を運べばすべての放送をビデオで見ることができる。教養学部のみで生活科学（生活と福祉専攻、発達と教育専攻）、産業・社会（社会と経済専攻、産業と技術専攻）、人文・自然（人間の探究専攻、自然の理解専攻）の三コースがある。

放送大学は文部科学省の認可した正規の大学である。ここで学ぶ方法には三通りある。全科履修は他大学の正規学生に相当し、四年間（一〇年以内）で一二四単位を取得すれば学士号（教養）が授与される。大学卒業の資格が与えられるのである。入学試験はなく、十八歳以上で高校を卒業していれば誰でも入学できる。全科履修の場合、全部で二〇単位分はTV放送ではなく、各地に設置された学習センターで講師によるふつうの授業を受けなくてはならない。入学金は二万円で、授業料は一単位につき四五〇〇円で、卒業するまでに五七万八〇〇〇円かかる計算になる。全科履修は入学試験はないとはいえ、大学卒業資格をめざすコースなので、やりとげるには相当の努力が必要である。

放送大学には、全科履修以外に、もっと気軽に学べる方法がある。選科履修コースでは一年間在籍し、希望する科目だけを受講する。入学金は七〇〇〇円で、授業料は全科履修の場合と同じである。科目履修コースでは最低六カ月在籍し、希望する科目だけを受講する。入学金は五〇〇〇円とお手軽である。選科履修生と科目履修生も入学試験のようなものはなく、十五歳以上ならば誰でも受講できる。これだと希望する科目を希望する数だけ受講できるので、カルチャーセンターや公開講座に近い感覚で学ぶことができる。しかもスカイパーフェクTVに加入すれば、どこかへ出向くことなく自宅で講義が聴ける。ただし、この方法では資格を取得することはできないので、公開講座と同じように、自分の教養を高めたり楽しみのために勉強する人向きだと言えるだろう。

放送大学は現在まで四年制大学に相当する学士コースしかなかったが、平成十四年四月から大学院が設置されることになった。文化科学研究科一学科で、政策経営コース、教育開発コース、臨床心理コースの構成になっている。臨床心理コースは資格取得に一年間の実務経験を必要とする第二種指定の申請をする予定となっている。臨床心理士の資格を取得するための指定校は、第一種・第二種をあわせて全国で三九校しかないので、放送大学の大学院が指定校の認定を受けることには大きな意味があると言える。

なお、放送大学以外にも、多くの大学で通信教育を行なっている。通信制の大学は平成十年度現在で三八校、在学者は二五万人（放送大学を含む）である。こちらも高校卒業資格があれば、入学試験などはなく、所定の単位を取得すれば大学卒業の資格を与えられ、教員免許も得ることができる。教員免許以外にも、学校図書館司書教諭、保育士、社会教育主事、ビジネス実務士、情報処理士などの資格も取ることができる。

†聴講生になる

何と言っても学問の中心は大学である。ここからは社会人が大学に行って勉強する方法を見てみよう。

社会人が一番気楽に大学で学ぶことができるのは、先に述べた公開講座を除くと、聴講生制度を利用することである。ほとんどの大学で、入学試験を受けて入学した正規学生以外に、聴講生を募集している。

聴講生になるには、募集時期に大学に願書を提出する。募集はたいてい一年に一度である。かんたんな面接程度で認められることが多く、社会人にとって敷居は非常に低い。自分の聴講したい科目について申し込み、一科目あたりの聴講料を支払う。聴講料は大学によってちがうが、一例をあげると平成十三年度で、ある国立大学では、入学料が二万七七〇〇円、聴講料は一単位あたり一万三八〇〇円となっている。講義はひとつ通年で四単位のことが多いので、一科目あたり五万五二〇〇円という計算になる。半期科目ならばその半分になる。有料の公開講座とそれほど変わらない。

しかし聴講生の場合、入学料を取られる。入学料のいらない公開講座とどこがちがうのだろうか。大いにちがう点があるのである。

まず第一に聴講生が受講できるのは、一般向けの公開講座用の特別な講義ではなく、その大学の正規学生が受けているのと同じ講義である。当然ながら内容はそれだけ専門性が高い。また正規学生に混じって学ぶので、先生と学生のやり取りを聞き、それに参加することもできる。

次に聴講生にはその身分を示す学生証が与えられ、学内の施設を利用することができる大学が多い。これが入学料の意味であり、公開講座を受講する場合とちがうのはこの点である。

まず図書館が使える。大学によっては、図書の貸し出しなどについて一定の制限はあるものの、これはおおきな利点である。文科系の学問の場合、文献を利用する機会が多いので、図書館が自由に使えるというのは強みである。

近年大学ではコンピュータ環境を提供するセンターを設置している所が多い。メディアセンターとか情報センターとか称するものがそれである。聴講生でもアカウントが与えられれば、インターネットや電子メールなどを使うことができる。

聴講生の制度は大学によって定めているので、規定はさまざまである。聴講生になる資格も、高校卒業（あるいはそれと同等の学力がある場合）という場合も、大学（短大を含む）の課程を二年間修了していることという場合もある。これは専門科目の内容を理解するためには、昔の教養課程に相当する二年間の基礎教育期間を終えていなくてはならないという前提によるものだろう。短大や四年制大学をすでに卒業していれば、自動的に聴講生になる資格があることになる。聴講を希望する科目と関係する専攻を修了している必要はない。詳しくは希望する大学の教務課に問い合わせるとよい。

ただし、聴講生はただ講義を聴くだけであり、試験を受けたりレポートを提出したりして、単位を取ることはできない。だから当然何かの資格の取得につながることもない。この意味で聴講生を何年も続けることは薦められない。聴講生になれば、その大学の雰囲気がわかり、どの先生の講義がおもしろいかもわかる。聴講生は短期で終わるか、あるいは次の行動を起こすためのステップとなるものである。

†科目等履修生になる

たいていの人は科目等履修生という制度があることを知らないだろう。聴講生は原則として単位を取ることはできないが、従来から文部科学省の認可を受けた一部の科目については、大学は単位を出すことができた。平成三年にこれが拡充されて、科目等履修生という制度が誕生した。平成九年現在で、五一一大学がこの制度を持ち、合わせて一万四〇七六人が学んでいる。

科目等履修生も聴講生と同じく、希望する科目について願書を出し、面接などの入学検定を受けて受講が認められる。受講する科目は、正規学生の受けているのと同じ科目である。聴講生とちがうのは、単位を取ることができるという点である。一年間受講して何単位かをもらって何になるのと言うなかれ。単位が取得できるということは、たいへん大きな意味があるのである。

科目等履修については、「一般コース」と「資格取得コース」に分かれている所が私立大学を中心にかなりある。このうち「一般コース」は文字通り一般に開放されたコースで、資格も高校卒業程度としている所が多い。一方、「資格取得コース」は、受講資格をその大学の卒業生に限定している所が多い。資格取得の代表的なものは、中学・高校の教員免許状と、博物館などの学芸員資格である。教員免許を得るには、一般の学生の履修する科目に加えて、免許を取ろうとしている科目、例えば英語の指定科目や教育法の科目を取らなくてはならない。大学をすでに卒業して社会人として働いている人の場合、自分が卒業した大学で科目等履修生制度を利用して、不足している科目の単位を取得することで、教員免許を取ることができるのである。

科目等履修の規定は大学によってまちまちなので、希望する大学の教務課に問い合わせて、募集要項を取り寄せるとよい。受講料もさまざまだが、参考までに一例をあげておくと、ある私立大学の場合、登録料は四万五五〇〇円、授業料は一単位につき文科系で二万三〇〇〇円、理科系で三万六〇〇〇円である（いずれも平成十三年度）。

なお、科目等履修生の制度は、学部だけでなく、大学院にもある。これについては後に触れる。

†大学評価・学位授与機構

科目等履修生の制度の創設は、新たな方法で学位を取得する道を開くことになった。これには大学評価・学位授与機構の設置が大きく関係している。これはもともと平成三年に学位授与機構という名称で設置された国の機関である。その後、業務内容を拡大して、平成十二年に大学評価・学位授与機構と改称された。ここでは面倒なので、旧称のまま学位授与機構と呼ぶ。

この機構の役割は、四年制大学を卒業していない人に、四年制大学を卒業した場合と同じ学士の称号を認定し授与することにある。そのために必要な基礎資格は、短大・高等専門学校・専門学校を修了していることである。短大によっては、二年間在学しての修了だけでなく、さらにもう一年専攻科を修了していることが条件になっている場合もある。この基礎資格を満たしていれば、科目等履修制度を実施している四年制大学で、希望する科目の数だけ登録し、必要科目数を履修して、学位授与機構に申請すれば、所定の試験・面接などを経て、学士の資格を取得することができる。このとき、同じ大学ですべての単位を取る必要はなく、複数の大学で単位を取って、それを合計して申請することができる。平成十二年には、一七七〇人が学位授与機構から学士の称号を授与されている。

この制度を利用して、四年制大学を卒業していない人が、学士の称号を取得することができるようになったのは、大きな変化である。というのも、大学院に入学して学ぼうとすると、従来は学士の資格を持っていることが条件になっていたからである。ただし、一九九九年の法改正によって、この規定は見直され、現在では満二十二歳以上で、各大学が独自に行なう入学資格審査に合格すれば、学士号がなくても大学院に入学することができる。

学位授与機構による資格認定には、いろいろと細かい規定があるので、詳しくはこの章の終わりにあげたホームページを見ていただきたい。またこのホームページには、科目等履修制度を実施している大学の一覧表も掲載されている。

†社会人入学制度を利用する

生涯教育の基本的な考え方は、従来は学校を卒業して社会に出るという一方通行だったものを、社会人がふたたび知識をリフレッシュしたり資格を取ったりするために、社会から学校へという逆の移動をしやすくしようというものである。この考え方に基づいて、多くの大学で社会人入学制度が実施されるようになった。一九九九年度で、全国で三三六大学（六七八学部）が、社会人入学を実施しており、五〇七〇人がこの制度で大学に入学している。なお、社会人入学は学部だけでなく、大学院にもあり、一九九九年度で二七六大学院がこれを実施している。大学院については、のちほど触れることにする。

社会人入学制度を利用した場合は、大学の正規学生となり、一年生から四年間学んで他の学生と同じように卒業し、学士の称号を得ることになる。ただし、どこの大学でも、全学部・全専攻について社会人入試をしているのではなく、学部や専攻が限られていて、そのなかから選択することになる。

それならば普通の一般入試を受けたほうがどの専攻でも選ぶことができるので、そのほうが選択の幅が大きいのではないかと考える人もいるかもしれない。それは確かにその通りである。しかし、すでに社会で数年働いた社会人が、現役高校生と同じ試験を受けるのは、はっきり言って圧倒的に不利である。

社会人入学制度はこの点を考慮して、社会人が大学に入りやすくしてある。まず大学入試センター試験を受ける必要がない。国公立大学ではセンター試験を受けなければ、二次試験を受験することができない。また私立大学でもセンター試験を入学試験の一部に組み込んでいる所が増えている。社会人入学ではこれが免除されるのである。

次に選抜試験の内容が一般入試とは異なり、書類選考と、面接・小論文・英語だけの所が多い。英語を課していないところもある。例えば、日本女子大学では、文学部と人間社会学部で社会人入試を実施しているが、入試内容は英語・小論文・面接である。また立命館大学では多くの学部で社会人入試を行なっているが、一教科型と自己推薦型のふたつのタイプの入試がある。一教科型では、英語か国語のどちらかの筆記試験を受ける。自己推薦型では、テーマ作文（小論文のこと）と面接のみとなっている。

学校を離れて社会で働いている人が、現役高校生と同じように、たくさんの教科について仕事のかたわら受験勉強をするのは、たいへんむずかしい。社会人入試制度は、この点を考えて作ってあり、この制度で大学に入学するのは、決してむずかしいことではない。

では社会人入試制度が対象としている「社会人」とはどこまでの範囲を含むのか。実はこれは大学により、その定義はさまざまである。例えば立命館大学では、「入学時に満二十三歳で、大学入学資格を持つ者」としている。これは「年齢型」の規定である。「大学入学資格を持つ者」とは、高校を卒業しているか、大学入学検定試験に合格しているかどちらかということである。この規定のなかには、会社などで働いていたという経験は含まれていない。一方「経歴型」の規定もある。ただし、この規定も「二十三歳以上の定職者」のようにかんたんなものから、「三年以上定職についていること」というものまである。また家庭の主婦も定職とみなす所もある。くわしいことは志望する大学に問い合わせてみるとよい。

社会人入試で大学に入学する場合、夜間コースならば、昼間の勤務を続けながら大学に通うことができる。しかし、昼間コースだと、退職しなければならなくなる可能性が高い。このため大学では社会人が通いやすいように、昼夜開講制を取るところも出てきた。一九九九年で六〇校がこの制度を実施している。この制度がある大学では、主に夜間コースに通いながら、時間の都合がつけば昼間コースの授業をとってもよいというように、昼夜混在型になっている。

社会人入試を突破する鍵は何か。それは「志望動機」である。たいていの社会人入試では、書類選考のために「志望理由書」を提出する必要があり、また面接でまっさきにたずねられるのもこれである。なぜ志望動機がそれほど重要なのか。それには大学側の理由がある。

大学が社会人入試を行なう理由のひとつに、少子化によって受験生が減ったからというのも確かにある。しかし、どこでも社会人枠として設けているのは限られた人数で、とても受験生の減少を補うほどの数ではない。実は大学は社会人が入ってくることによって、一般学生が刺激を受けて活性化することを期待しているのである。一般入試を受けて大学に入った学生のみんなが、はっきりした志望と目標を持っているわけではない。というより、大部分の学生は「何となく」大学に来ている。社会人は一般学生より年齢が上で、しかも社会経験がある。会社を辞めたり休職したりして大学に来ているのだから、はっきりした目標を持っている。大学はこのような社会人に一般学生を刺激してもらいたいのである。

だからあなたの志望理由が重要になる。志望理由がはっきりしていないと、何となく大学に来る学生をもうひとり増やすだけの結果になる。大学としては、これは困るのである。

この本は、社会人入試突破マニュアルではないので、社会人入試合格の秘訣については、種々の参考書を参考にしてもらいたい。社会人入試に焦点を当てた予備校もあるようだ。またインターネットでは、社会人入試に関するサイトがたくさんある。検索エンジンで「社会人入試」をキーワードに検索すれば、すぐに見つかる。この章の終わりにサイトガイドとしていくつかあげておく。

先に少し触れた厚生労働省の「教育訓練給付制度」は、もともと専門学校で学ぶ場合を対象としていたのだが、その後の制度の改正によって、大学や大学院の指定された講座で学ぶ場合にも、適用されるようになった。対象となる講座のリストは、厚生労働省のホームページで見ることができる。

ひとりで勉強するためには「情報力」が決め手になる。自分に合った大学を探すためには、さまざまな情報手段を駆使するよう心がけよう。

†編入学

編入学とは、四年制大学の一年生から始めるのではなく、二年次または三年次から始める入学制度をいう。正規学生とは別に、一定の人数を募集する大学が多い。この資格があるのは、短大を卒業した人、高等専門学校を卒業した人、四年制大学を卒業した人(この場合は学士入学と呼ぶことが多い)、四年制大学の一年目または二年目を終えた人(中退者を含む）であるが、一九九九年からは法改正により、専修学校のうち二年制の専門学校を卒業した人にも、その資格が与えられるようになった。

もともと編入学は、大学で欠員が出たときなどに行なうもので、不定期で募集人数も若干名と一定しないことが多かった。しかし、短大からの三年次編入をめざす人が多くなり、毎年編入学を募集する大学が増えてきた。

編入学の場合も、一般入試とは異なり、受験科目は少ないのが普通で、筆記と面接からなる。例えば早稲田大学の第二文学部（夜間学部）の場合、一次入試は英語と国語（現代文）で、二次は面接である。また社会科学部（昼夜開講学部）では、筆記が論文A（日本語文を読み思考力・表現力を問う）と論文B（専門科目に関する基礎を問う）となっていて、論文Bでは社会科学総合・政治学・経済学・法学・商学のなかから一科目を選ぶようになっている。

†大学院で学ぶ

ここまでは大学の学部で学ぶさまざまなルートを紹介してきた。社会人が自分の仕事に必要なより高度な知識・技能を学ぶ場合、学部ではなく大学院で学ぶことになる。しかし、読者のなかには大学院といういかめしい名前を聞いただけで、腰が引けてしまい、自分にはとても縁のない世界だと決めつけている人もいるかもしれない。実はそんなことはないのである。

従来日本の大学では、大学院は「研究者養成機関」と位置づけられていた。大学院に進学した人は、ほぼ自動的に大学の先生や研究所などの職につくと見なされていた。しかし、このイメージはかなり前から変わっている。

それは日本が「高度知識社会」へと移行し始めた頃から起きている変化である。まず工学部・農学部・薬学部などの理科系の学部では、大学を卒業してすぐに会社に就職するのではなく、大学院の修士課程を修了して就職する人が増えた。社会が求めている知識・技能が高度化したために、学部卒業では十分でなくなったからである。

文部科学省もこのような変化に対応するために、かなり以前から大学院の拡充を基本政策とするようになった。欧米に比べて大学院生の数が少ないという現状を改善するために、大学院生の数を増やす施策を取るようになったのである。この結果、平成三年には九万八六五〇人（修士六万八七三九、博士二万九九一二）だった大学院生が、平成十一年には一九万一一二五人（修士一三万二一一八、博士五万九〇〇七）と、倍増している。文部科学省では今後、三〇万人程度まで大学院生の数を増やす方針である。この結果、当然のことながら、大学院は入りやすくなった。

これと並行して入学資格も緩和された。従来は大学院を受験するには、四年制大学を卒業していなくてはならなかったが、平成十一年の法改正で、大学を卒業していなくても、各大学が独自に行なう資格審査をクリアすれば入学できるようになった。

また大学院でも社会人入試を行なう大学が増えている。平成五年には八三大学院（一〇七研究科）だったのが、平成十一年には二七六大学院（六四二研究科）が社会人入試を実施している。この制度を利用して平成十一年には八〇九四人の社会人が、大学院に入学している。この他にも一年制コースの設置、夜間大学院、通信制大学院など、社会人が大学院で学びやすいように、つぎつぎと新しい試みが行なわれている。

大学院がもっぱら研究者養成機関とされていた過去とはちがって、現在では大学院の役割は多様化している。社会人のリカレント教育・リフレッシュ教育が、重要な役割のひとつとして位置づけられるようになった。大学はずっと研究を続ける人を養成するだけでなく、社会から一定期間人を受け入れて、また社会に送り返すという役割をしだいに重視するようになったのである。

今では社会人にとって大学院は決して入るのがむずかしい場所ではない。はっきりした目的意識を持ち、十分な準備をすれば入れる所である。

†大学院の社会人入試

多くの大学院で社会人入試を実施している。社会人の定義は、学部の場合と同じように大学によって少しずつちがっている。入学定員のうちある数を社会人選抜に当ててあり、一般の受験者と競争するわけではない。選考方法は、書類選考に加えて、小論文と面接のみという大学院もある。これに加えて外国語（英語）を課す所もあり、国立大学では専門科目の筆記試験をする所が多い。英語といっても、大学入試とは異なり、文法問題などの出題はなく、専門に関係する長文を読んで解答するというタイプの試験が多く、辞書持ち込みが許されている所もある。基本的には英語の知識を問うというより、文献を読む力があるかどうかを見るものである。このように選抜方法も、社会人であることを考慮して行なわれている。たいていの大学では過去の入試問題を公開しているので、参考にするとよいだろう。

社会人が大学院に入学する場合、現在勤務している会社を退社したり、休職制度があればそれを利用したりすれば、フルタイムの大学院生になれるが、勤めを辞めるのには一大決心がいる。勤めを辞めずに大学院で学ぶことができるように、大学の側でもいろいろと制度が整備されてきた。

その代表的なものが、いわゆる「十四条特例」である。これは大学院設置基準の十四条に定められているもので、「教育上特別の必要があると認められる場合には、夜間その他の特定の時間または時期において授業または研究指導を行う等の適当な方法により教育を行うことができる」という条項をさす。

少しわかりやすく説明すると、ふつう大学院の授業や研究指導は昼間に行われている。しかし、勤めを持つ人は昼間の授業に出ることができない。このために、夜間や土日に特別に授業をしたり、有給休暇などでまとまった休みを取り、その期間に集中的に授業を受けるなどして、昼間勤めを持つ人でも大学院で学ぶことができるようにするのが、十四条特例である。勤めを持つ社会人の場合は、十四条特例を実施している大学院だと、勤めのかたわら大学院で学ぶことができる。大学院を選ぶときに、十四条特例を実施しているかどうかをよく確認することが必要である。なおこの特例を実施するかしないかは、研究科の判断に任されているので、同じ大学院でも研究科によって規定がちがうことがある。

もうひとつは夜間大学院である。もともと夜間大学院は昼間に勤めを持つ社会人を対象に作られており、経済・経営・ビジネスなど、仕事に直結する内容の講座が多い。昔は修士課程しかなかったが、最近では博士課程を置く所が増えている。

また平成十一年から通信制の大学院も発足した。通信制の大学院を置いているのは、日本大学（総合社会情報）、仏教大学（文学、教育学、社会学）、明星大学（人文学）、聖徳大学（児童学）、帝京平成大学（情報学）、東亜大学（総合学術）、名古屋学院大学（外国語学）などである。平成十四年度からはさらに七校増える予定である。一定期間のスクーリングを除いて通学する必要がなく、自由な時間を使って学ぶことができる通信制大学院は、昼間に勤めを持つ人でも学びやすいと言える。修士課程では三〇単位の取得と修士論文という修了の条件は、ふつうの大学院と変わらない。最近ではインターネットや電子メールなどを用いて、離れた所から研究指導することが容易になってきているので、通信制大学院は今後盛んになることが予想される。

また学部と同じく、大学院でも科目等履修生の制度を設ける大学院が増えている。この場合は正規の学生になるのではないが、勤めを持ちながらでも、時間の都合をつけて、自分の興味のある科目を履修し、単位を取ることができる。

†研究計画書を書く

大学院の社会人入試で重要なのは、研究計画書と面接（口頭試問）である。多くの大学院では、社会人入試の際に研究計画書を提出することを求めている。研究計画書とは、大学院に入って何をどのように研究したいかを述べたものを言う。研究計画書は志望理由書とはちがう。志望理由書は「自分がなぜ、どのような経緯でこの大学（研究科）のこの講座に入学を希望するか」を述べるものである。これに対して研究計画書は、「この大学（研究科）のこの講座に入学したら、何を研究するか」をくわしく述べたものである。

なぜ大学では研究計画書を求めるのだろうか。それは大学院に入ったら、ふつう二年で修士論文を書かなくてはならないからである（もちろん三年、四年かける人もいてそれはかまわない）。このためには、大学院に入る時点で、研究したいテーマがはっきり決まっている必要がある。入学してから何を研究しようかと探しているようでは、とても間に合わない。また研究したいテーマが決まっていなければ、どの大学院のどの先生の指導を受けるかを決めることができない。

面接のときにも、提出した研究計画書の内容について、質疑が行なわれるのがふつうである。面接試験官は指導教授になる人がつとめることが多いが、研究計画書について質問し、受験者がどの程度真剣に学ぼうとしているか、現在の知識・学力はどの程度か、選んだテーマについて研究を完成させる可能性はどれくらいかといったことを判断する。具体的な書き方については、第十章で詳しく解説する。

【ブックガイド】

◆安井美鈴『社会人のための大学・大学院入学ガイドブック』（ダイヤモンド社）
大学や大学院の社会人入学をめざす人の総合ガイド。社会人入学の仕組みの説明や、全国で社会人入学を実施している大学のリストなど、きめ細かい情報を提供している。
◆『文科系のための大学院の歩き方』（東京図書）
文科系大学院をめざす人のためのガイド。読み物記事の中の研究室訪問や、合格者の体験記を読むと、大学院とは何をするところかがよくわかる。勉強法など実践的な情報豊富。
◆『社会人・学生のための大学・大学院ガイド』（日経BPムック）
大判の雑誌形態のムックで、社会人入学に関する情報が豊富である。

【サイトガイド】
◆まなびねっと　http://www.manabinet.jp/
文部科学省生涯学習政策局の運営する生涯学習のサイト。全国の自治体の提供する社会人講座、国公立大学の提供する公開講座などの情報がある。
◆放送大学　http://www.u-air.ac.jp/hp/
放送大学の公式サイト。放送大学の提供するコースについて詳しい解説がある。
◆大学評価・学位授与機構　http://www.niad.ac.jp/

全国で科目等履修生の制度を実施している大学のリストなどがある。

◆大学入試情報図書館RENA　http://www.rena.gr.jp/
社会人入試などについて詳細な情報を提供している民間機関。社会人入学をめざしている人は必見のサイトである。

◆編入ドットコム　http://www.hennyu.com/
大学編入・社会人入学について情報を提供しているサイト。編入学の体験者の話を聞くことができるメーリング・リストを運営している。

◆厚生労働省ホームページ
http://www2.mhlw.go.jp/topics/seido/anteikyoku/kyouiku/index2.htm
教育訓練給付制度について詳しい情報がある。

◆財団法人私立大学通信教育協会　http://www.uce.or.jp/
私立大学の通信教育や、通信制大学院などについての情報を得ることができる総合サイト。平成十四年度開設予定の通信制大学院の情報もある。

◆財団法人日本生涯学習総合研究所
http://www.shogai-soken.or.jp/cgi-bin/kouzanet/kouzanet.cgi
首都圏と関西地区の私立大学の提供する公開講座情報を集めている。

第五章　勉強する環境を作る

さて、具体的な勉強に取りかかる前に、勉強するのにふさわしい環境作りについて少し見ておこう。勉強はどこでもできるというわけではない。

†自分の部屋と机を持つ

私は大学に勤務しているが、同僚の理科系の先生のなかには、自宅に書斎がないばかりか、机すら持っていない人がいる。理科系の人の研究活動は、実験や戸外観察が主であり、設備のある大学の実験室やフィールドでなければ研究ができない。だから自宅では研究活動はしないのが原則なので、書斎や机も必要ないのだという。

しかし、文科系の人間は事情がちがう。文科系の人間は本や論文といった文献資料を相手に勉強する。だから自宅に書斎と机は不可欠なのである。

これから勉強を始めようとする人は、自分専用の書斎とまでは言わなくても、自分が勉強する場所を確保しよう。これには「形から入る」という効用もあるのだが、別な理由もある。

一人暮らしの人が勉強する場合には何の問題もない。自分の住んでいるアパート、自分が借りている部屋は、全部自分の勉強場所として使えるからである。しかし、家族がいる場合には事情がちがう。家族との共同生活と勉強とは、本来相容れない水と油の関係にある。家族との共同生活はみんなでするものであり、勉強はひとりでするものだからである。たまの休みに勉強しようとあなたが本を開いたとする。ところが、家族にとっては、たまの休みなのだから、子供を動物園に連れて行ってほしいかもしれない。両者の要求はこのように相反するのである。そんななかで勉強を続けるには、家族の理解が不可欠である。もしあなたがいわゆる「家庭の主婦」であった場合、問題はいっそう深刻だろう。妻は夫と子供の世話をするものであるという伝統的考えを持つ夫の場合、妻が勉強することを、あまり歓迎しないのがふつうである。

現代の日本の住宅事情では、自分専用の書斎を持つのはむずかしいかもしれない。ならば住まいのどこかに、自分の勉強専用のコーナーを確保することである。このコーナーはどんなに狭くてもかまわない。自分がその場所に陣取ったら、それは勉強するのだという意志表示であり、家族は邪魔をしてはいけないのだという暗黙のルールを作ることが大事である。

幸いにして書斎を確保することができた場合も考えてみよう。まず机は天板（本を載せる水平の板部分）がなるべく大きなものがいい。本や辞書を次々とひっくり返すと、すぐに置く場所がなくなるからである。大きな辞書などを開いておくサイドデスクのようなものがあれば理想的である。私の知人の父上は高名な日本文学の翻訳家であるが、天板が三枚ある特注の机を使っていたそうである。三枚はすこしの間隔をあけて重なっていて、スライド式に前に引き出せるようになっている。一枚の天板にはある仕事の資料が広げてあり、次の仕事に移るには、その天板をもとに戻して別の資料が広げてある天板を前に引き出すのだそうだ。並行していくつも仕事をしていると、いちいち資料を片づけるのが手間である。すべての資料は今必要なページで開かれているのだから、そのまま保存したいという欲求が生んだ知恵である。

書斎にはインターネットに接続されたパソコンが要る。私は自宅ではISDNを使っているが、これから引くならより高速のADSLや光ファイバーがよいだろう。またできれば持っておきたいのが、家庭用コピー機である。一〇万円程度で買えるもので十分である。自分がワープロで書いた文書なら、二部印刷して一部を保存用にできるが、手書きの文書・文献資料類は保存するにはコピーしなくてはならない。提出した書類は、それが何であれコピーを保存するのが原則である。

†図書館を利用する

どうしても自宅に勉強する場所を確保することができなければ、図書館を利用するという手がある。一般の人はあまり図書館を利用する習慣がないのがふつうだが、自分が住んでいる地区には公共図書館があるはずである。県立や市立図書館のような大きなものから、区立図書館のように小さなものもある。この場合、蔵書が豊富な大きな図書館である必要はない。閲覧室で勉強ができればよいのである。

図書館はふつう午前九時から午後の五時頃まで開館している。利用者の便を考えて、土日も開いているところが多い。ちなみに私が住んでいる京都では、大きな三つの中央図書館は、平日は午後八時半まで開いている。

図書館ほど勉強に適している場所はない。なにしろまわりは本だらけで、ちょっと辞書を引いたり調べものをしたりするのに便利である。また図書館は静粛がルールだから、静かに勉強できる。電話もかかってこない。人から話しかけられることもない。自分の勉強に没入できるのである。

さらに新しくできた図書館ではＩＴ関連の設備が充実している所が多い。インターネットが自由に使えるパソコンが設置されている所があれば理想的である。

なかには自分の家でないと落ち着いて勉強できないという人もいるだろう。静粛であるとはいえ、まわりに人がいる図書館では、確かに自分の部屋とはちがう。また図書館で勉強するときは、本や資料などを持ち運ばなくてはならないという不便もある。しかし、これは習慣の問題である。

アメリカやヨーロッパの学生は、図書館で勉強することが多い。アメリカの場合は知らないが、ヨーロッパの学生は一般に親の援助を受けず、お金がないので、狭いアパートに暮らしていることが多いため、勉強に向かないという事情もある。また本の値段が高いので、もっぱら図書館を使うということもある。

自宅で勉強せずに図書館に行って勉強する効用のひとつは、気持ちの切り替えができるということだろう。自宅にいるとついついテレビをつけたり、配達の人がチャイムを鳴らしたり、気が散ることが多い。図書館に行って勉強することを習慣にすると、場所を移動することで気持ちを勉強モードに切り替えることができる。

もちろん図書館は勉強するだけでなく、本や文献を探すところでもある。これについては、項を改めて解説する。

†学校の施設を使う

あなたが勉強するために学校に通っているのなら、その学校の施設を最大限利用することである。さきに、大学の聴講生や科目等履修生になる方法について述べたが、聴講生や科目等履修生になるには、授業料を大学に支払い、身分を証明する学生証をもらう。学生証は大学の施設へのパスポートである。

聴講生や科目等履修生の場合、本の借り出しに制限があったり、書庫に入ることができるかどうかなどについて、一定の制約があることもあるが、図書館の閲覧室で勉強するのは自由である。

学校の施設は、授業の前後に予習や復習をするのには、特に便利である。自分が習っている先生の著書なども、揃えてあることが多い。授業で読まなくてはならない課題図書がある場合、そのような図書を特に置いていることもある。

また大学の図書館は、勉強する人の便宜を考えて、開館時間を長くしている所が多い。例えば私の勤務している大学では、図書館は平日は午後九時まで開いているし、土日も開館している。勤めを持つ人には、土日に開いていたり開館時間が長いことはありがたい。

†勉強仲間を作る

これも広い意味で勉強の環境と言えるだろう。総理府の「生涯学習に関する世論調査」（一九九九年）によれば、生涯学習を始めたきっかけの第二位は、「家族や友人に勧められた・誘われた」が三一パーセントを占めている。自分でその気になったという自律的な動機ではなく、勧められた・誘われたという他律的な動機から勉強を始める人が、かなりいることがわかる。

これは自然なことである。勉強に限らず、スポーツでも遊技でも、一人ではおもしろくない。釣りのように基本的に一人でするものでも、釣り仲間と釣果を自慢しあったり、竿や漁場の善し悪しを議論したりするのも、また釣りの楽しみである。

勉強についても同じことが言える。自分と同じことを勉強している仲間がいれば、話し合う楽しみがあるし、途中で挫折する可能性も少なくなる。

実は仲間を作ることには、もっと大きな意味がある。それは勉強とはコミュニケーションだということである。例えばあなたが大学に社会人入学したとする。まわりは年齢のちがう学生ばかりである。彼らは何をしているか。どの先生の授業がおもしろいとか、試験の過去問題などの情報を、さかんに交換しているだろう。こういった仲間同士での情報交換は、勉強していく上で非常に大事なものである。このコミュニケーションの輪のなかに入れるかどうかは、あなたの学生生活の成否を左右するほど大事なことだと考えたほうがよい。

†個人的に習う

私の知人に法学部を卒業して社会人として働いている人がいる。この人は大学時代にどうしても法律の勉強が好きになれなかった。本当は文学部で英文学を勉強したかったのだが、いろいろな事情から法学部に入学したのである。卒業して働いていたが、英文学を勉強したいという気持ちが止みがたく、ついに英文科の大学院を受験することを決意した。ところが志望の大学院には社会人入試制度がなく、一般学生と同じ試験を受けなくてはならない。この大学の場合問題になるのは、卒業論文に相当するものを提出しなくてはならないという規定があることと、入試に第二外国語があることである。

自分が卒業した法学部には卒業論文というものがなかったので、書き方がわからない。また第二外国語は卒業以来ご無沙汰していて、とても自信がない。

このような場合はどうすればよいだろうか。大学の社会人入試のための予備校もあるが、だいたいは資格取得やビジネスなどの実務関係のものが多い。

こういうときには、個人的に習うしかないだろう。上にあげたケースでは、英文科の大学院生を見つけて、卒業論文の書き方を習う。また第二外国語については、単に語学を習うのではなく、入試問題を解くことに限定して、教えてくれる人を見つけるのが早道である。

社会人の場合、学校から離れている期間が長いほど、勉強の勘は失われている。それだけでもハンディであるが、上の例のように、もともとの自分の専門とはちがう勉強を始めようとするときは、一人で勉強するのはまず無理だろう。つてを頼って誰か紹介してもらい、個人的な指導を受けるほうが時間の節約になる。個人指導にはお金がかかるが、必要な投資だと割り切って考えるほうがよいだろう。

第六章　知識・情報を得る

さて、いよいよ本題の勉強の具体的技術である。ちょっとおさらいし、勉強の技術を分解すると、次のようなサブ技術に分かれた。

（1）知識・情報を得る
（2）知識・情報を記録整理する
（3）知識・情報を加工する
（4）人に伝える

この章では、（1）の知識・情報を得るという項目について、具体的に解説する。知識・情報を得るという作業は、勉強の中心的部分を成すと見なされている。確かに高校までの勉強を思い返すと、教科書を読んだり、英単語を暗記したり、習い覚えることが勉強の大きな部分を占めていた。これは広く言えば「情報のインプット」である。しかし、より程度が進んだ大学レベルの勉強や、社会人が必要としている勉強の中心は、実はこの情報のインプットではない。本当に大事なのは、インプットした情報を基にして、「自分で考える」または「自分の考えをまとめる」ということである。これは右にあげた勉強のサブ技術のなかでは、(3)の「知識・情報を加工する」と、(4)の「人に伝える」という項目に当たる。これについては、後に詳しく触れることにする。

そうはいっても、知識・情報を得ることは、勉強のなかで大きな部分を占めていることには変わりない。ここからは、その具体的方法についてかんたんに概観し、項目のうちいくつかについては、章を改めてさらに詳しく解説する。

†本を読む

まずいちばんポピュラーな本を読むという作業である。二宮金次郎の銅像にもあるように、本を読むことは勉強の象徴ともなっている。

本を読む技術を分解すると、これもさまざまな項目に分かれ、それぞれについて知っておくべき技術がある。

(a) 本を探す

まず自分が勉強したいテーマについて、どのような本があるかを知らなくてはならない。すぐに書店に駆け込む人は失格である。一般の書店には、出版されている本のごく一部しか並ばない。現在日本で出版されている書籍の点数は膨大な数にのぼり、そのすべてを書店に並べることは不可能である。また書店での本の回転がますます速くなり、今並んでいる本も、すぐに店頭から姿を消してしまう。

姿を消した本を見つけるには、図書館で探すか、古本屋で探すか、持っている人に貸してもらうという方法しかない。図書館で探す方法は、「図書館を活用する」という章で詳しく解説する。インターネットの普及で、本を探すのは以前にくらべて格段に便利になった。

自分のテーマに関係のある本を見逃さないためには、常にアンテナを張っておくことが必要である。私は仕事柄大学生と話をすることが多いが、彼らが今どのような本が出版されているかを知らないことに、驚かされることが多い。私の場合、一番の情報源は新聞である。新聞には本の広告がたくさん掲載されている。私はふつうの記事は読まなくても、本の広告は決して見逃さない。また、たいていの新聞は週に一度書評欄を設けていて、話題の本を紹介している。おもしろそうな本があると、すぐその場でメモをとる。

また日本出版書籍協会が月に二度「これから出る本」という冊子を刊行している。書店分野に目を通すだけでよい。

のカウンターなどに置いてあり、無料でもらえる。分野別に分類されているので、自分の

問題もある。

を多用するので、蔵書の数が多くなり、保管場所に困るからである。また本を買うお金の

これは学者のようなプロの勉強家にとっては悩ましい問題である。文科系の学者は文献

（b）本は買うべきか借りるべきか

りではない。

お奨めする。もちろん書店に売っていなくて、図書館に行かなければ読めない本はこの限

しかしもしあなたが勉強の初心者ならば、本は図書館で借りるより、自分で買うことを

に指摘されたような気がした。

ている。私はリンボウ先生のこの言に触れたとき、それまで漠然と感じていたことを見事

エッセイストのリンボウ先生こと林望氏は、「借りて読んだ本は頭に残らない」と喝破し

なぜ自分で買って読んだほうがいいのだろうか。東京芸術大学教授の書誌学者にして名

そうなのである。借りて読んだ本は頭に残らないのである。それはなぜだろうか。たぶ

ん大きな理由がふたつあると思う。

ひとつは、借りた本にはアンダーラインを引いたり、書き込みをしたりすることができないからである。本に書いてあることがすべて重要な情報ではない。そんな本は聖書くらいのものだろう。たいていの本は、重要ではないことが大部分で、少しだけ重要なことが書いてある。本を読んでいて重要だと思う箇所には、アンダーラインを引く。また著者の意見に賛成できないときや、そこに書かれていることから発想した点などは、余白に書き込む。このような作業を通じて、本の内容は頭に定着していくのである。借りた本には書き込みができない。このため頭に残らないのだろう。

私はもうひとつ理由があると思う。買った本は手元に置く。本棚を眺めると、読んだ本の背表紙がずらっと並んでいる。本の実物を見ると、その本の内容を漠然とでも思い浮かべる。実物の記憶というのは馬鹿にならない。こうして日々その姿を眺めていることが、内容の記憶の定着に役立つのではないだろうか。本の汚れや染み、書き込みの跡といった物理的記憶、机の右の手の届くあたりといった身体的記憶は、なかなか馬鹿にできないものである。

もちろん本を買って手元に置いてあると、内容を確認したいときにすぐにできるという効用もある。図書館から借りた本ではこうはいかない。

ちなみに私には本を買うときの三原則というのがある。

その一、「本は見かけたときに買う」。新刊書はすぐに店頭から消えてしまう。そのうち買おうと思っていると、すぐに買えなくなってしまう。「見たら買え」が原則である。

その二、「迷ったら買う」。今すぐ必要ではない本は、買おうかどうしようか迷うことがある。しかし「迷ったら買え」なのである。私は迷った末に買わないでおいて、後で後悔したことが何度もある。本との出会いも一期一会である。

その三、「値段を見ずに買う」。これは財布との相談なので、万人にお勧めできることではない。しかし、本気で勉強しようと思ったら、書籍代を倹約してはいけない。私は本を買うときには、本当に値段を見ない。そのためレジで支払いをするときには、数万単位の金額になることがあるが、それは学者としての必要な投資であると考えている。

（c）読書法

本の読み方にも技術がある。いわゆる読書術というものである。知的生産をテーマとする本には、必ず読書法という章がある。

本の読み方の基本は、自分の目的に合った読み方をするということである。自分のテーマにとって重要な本ならば、メモを取りながら精読する。何度も読み返すことが必要になることもある。自分のテーマに関係があるが、二次的な重要性しかない本は、拾い読みしてポイントだけをメモする。単に参考にするだけの本は、目次のなかから目的の部分を探して、そこだけを読む。タイトルだけでは自分のテーマに関係があるかどうかわからない本は、ざっと斜め読みする。あとあと必要になるかもしれないという気持ちでとりあえず買った本は、目次だけに目を通す。最後は決して馬鹿にできない積ん読である。私は自分ではこのすべての読書法を実行している。

また自分の勉強の中心的テーマに関する本は、メモを取りながら読むことになるので、時間がかかる。限られた時間内に読める本の数はおのずと限られる。しかし、周辺的知識を広げたいというときには、たくさんの本を読まなくてはならない。こういう場合は時間のかかるメモ取りは省略して、とにかく通読する。この二種類の読み方はどちらも必要である。昔からある言い方では、精読と乱読に当たるだろう。乱読というと悪いイメージがあるが、とりわけ新しいテーマに挑戦するときは、ある程度の知識をインプットするために、たくさんの本を読むことはどうしても必要である。

夜、机に向かって読書するときは、メモ取りの必要な精読をして、通勤電車のなかで本を読むときは、メモ取りはできないので乱読するというように、場面によって読書法を切り替えるのがよいだろう。どこでも時間があいたときには読書ができるように、かばんのなかに一冊本を入れておく習慣をつけておこう。

(d) メモを取る

本を読んでもそのままにしておけば、内容はいずれ忘れてしまう。大事な内容は記録しておかなくてはならない。詳しくは「知識・情報を記録整理する」の項目で解説するが、メモは内容によって記録の方式がちがう。

重要な内容をメモして後で利用できるようにするには、その辺のちらしやノートの片隅に記録するというやり方ではだめである。大事なのは「定型化」と「体系化」である。定型化とは、決まった形の用紙に書くということである。メモした用紙がまちまちの大きさだと、後で保存するのに非常に困る。決まった大きさと形の用紙に記録しなくてはならない。また体系化とは、同じ方式で記録するということである。メモの書き方がその都度ちがっていると、あとで内容を検索するのに不便なのである。

私はふだん二種類のメモ用のカードを持ち歩いている。ひとつは後で紹介する「京大式カード」で、梅棹忠夫『知的生産の技術』でその存在を知って以来用いているものである。これには本を読んで得た知識などを記録する。もうひとつは、もう少し小さめのカードで、探す本のタイトルや、読まなくてはならない論文名などを記入する。こちらは文献カードと呼ばれている。文献カードは何枚か束にしてゴムでくくり、ポケットに入れて図書館に行き、文献を探すときに使う。書店に行ったときも、一枚を店員に渡してその本の有無をたずねたりするのに便利な大きさである。文献カードがあまり大きいと持ち歩くのに不便だし、探す文献名がノートのどこかにメモしてあったりすると、ノートごと持ち歩かなくてはならない。勉強の素人はたいてい文献カードを作っていない。勉強のプロは文献カードを作るものなのである。

（e）保管・整理する

読み終わった本は保管しておかなくてはならない。これは頭の痛い問題である。現代日本の住宅事情では、本の保管場所を確保することはなかなかむずかしい。

その昔、渡辺昇一氏の『知的生活の方法』（講談社現代新書）という本を読んだことがある。そのなかに、知的生活を送るための書斎の例というのがあり、プロの建築家に引いてもらった図面が掲載されていた。ため息の出るほど贅沢な話で、これを本当に実現できる人がどれくらいいるのだろうかと思ったものである。その中にはもちろん本を保管する書庫があった。

申し訳ないことだが、本の保管・整理に名案はない。私の家でも、廊下からトイレのなかまで本で一杯である。大きな家に引っ越すしかないだろう。

ただし、忘れてはならない大事なことは、本は見える所に置いておかないと死んでしまうということである。私の家でもスライド式の二重本棚を使っているが、この場合は前の棚をスライドすれば、後ろの棚が見えるので、本が死ぬことはない。しかし、文庫本などはふつうの本棚に前後二重に詰めて置いてある。こうなると、後ろに追いやられた本は隠れてしまう。隠れた本は目に入らない。探すのにも時間がかかる。すると本は死蔵状態になってしまうのである。目に見えるところにある本だけが、生きた本である。

このため私はいくら本が増えても、トランクルームを借りて保管する気にはならない。同じ理由で、本を売ることもしない。本を売ると、その本を読んだ記憶までいっしょに売ってしまうような気がするからである。

ここでは本の整理については、話す必要はないだろう。整理しないといけないほどの冊数の本を抱えている人は、この本の読者には少ないはずである。ある作家は自宅にたくさんの蔵書を抱えていて、図書館学を学ぶ大学院生を雇って、日本十進法分類に基づいて、図書館のように整理分類させていたという。こんなケースは例外的である。私の蔵書も優に一万冊を越えているが、まだ分類整理しなくてはならないほどではない。同じ理由で、蔵書カードの作り方についても、ここでは解説しない。勉強のプロではない人にとっては、手間がかかる割には、実りの少ない作業である。

†辞典・事典を引く

辞典はコトバの辞書、事典はコトの辞書である。勉強の素人は驚くほど辞典・事典を引かない。逆にプロの作家などはこまめに辞書を引くのである。あなたがこれから勉強を始めようというのなら、辞典・事典を引く習慣をつけなくてはならない。理由はかんたんで、辞典・事典は知識の宝庫だからである。

辞典は言葉の意味を調べたり、漢字を確認したりするために使う。あなたが勉強をしようとすると、研究計画書やレポートなどの文章を書く機会が増える。辞典は文章を書くときには、欠かすことができないツールである。プロの作家でもしょっちゅう辞典を引くのである。日本語の辞典としては、代表的な広辞苑のような大きめのものと、用字用語辞典のように、ちょっと漢字を調べるときに使う小さめのものの両方があるとよい。

あなたが外国語の勉強をするならば、もちろんその言語の辞書が必要である。しかし、社会人の場合、自分が学生時代に使っていた辞書をそのまま使うとか、ひどいときには誰が使ったかわからないが、家の本棚にたまたまあった辞書を使うなどいう人がいる。これではだめである。辞書は時代に合わせて改訂される。一九八五年以前の辞書には「エイズ」という単語は載っていない。また新しい研究成果を取り入れた辞書が、次々と出版される。その時点で手に入る最新の辞書を使わなくてはならない。

事典は、百科事典と専門事典に分かれる。百科事典は何かを調べるときの入り口としては、たいへん便利なものである。欠点は保管に場所を取るということだが、最近はパソコンで読むCD-ROM版やDVD版の事典が発売されているので、この問題は解決できるようになった。ただし、インターネットが普及した現在、百科事典の有用性は以前に比べて低くなっているのは事実である。インターネットでたいていのことは調べがつくからだ。

専門事典はあなたが勉強のテーマとしている専門分野についての事典である。経済学を学ぶならば経済学事典、心理学を学ぶならば心理学事典である。特に初めの段階では、専門分野の勉強は専門用語を学ぶこととイコールであることが多い。理論的概念は、専門用語として結晶しているからである。私も言語学を勉強し始めた頃は、専門用語に出会うたびに事典にあたり、その用語の定義をカードに書き写して覚えたものである。よくできた専門用語集は、その学問への最適の案内でもある。このため専門事典は値段が手の届く範囲にあるならば、定評のあるものを一冊購入して、机の傍らに置くべきである。

†電子メールを使う

私がインターネットを使い始めた頃は、まだ一般の商業利用に開放されていない時代で、大学の先生や研究者だけが使っていた。しかし、近年の爆発的な普及の結果、インターネットの有用性は飛躍的に進化した。これから勉強しようという人は、インターネットを使いこなせなくてはならない。

詳しくはパソコン利用法を解説した本に譲るが、インターネットの主な使い方は、電子メールとWWWサイトの検索である。もちろん音楽をMP3でダウンロードしたり、映画などのマルチメディアコンテンツを見たりする使い方もあるが、あまり勉強には関係ないので省略する。

できれば料金を気にしないで、インターネットが自由に利用できる環境を確保するとよい。先にも述べたが、大学で聴講生や科目等履修生になると、学生証がもらえて、学内のコンピューターセンターを自由に利用できることがある。大学によって規定がちがうので、科目等履修生などを申し込むときには、その点を確かめておくのがよい。

また自分が通う学校以外に、自宅でもインターネットが利用できるようにするべきである。最近は安い料金でサービスを提供するプロバイダがたくさんある。大学の通信教育では、電子メールなどを活用して教育するところが増えてきた。先生と連絡を取るのも、電子メールが便利である。私も自分の指導学生には、電子メールの利用を義務づけていて、学生への連絡はすべて電子メールを使っている。レポートの提出も、電子メールの添付書類である。電子メールに書類を添付するやり方くらいは覚えておこう。

また電子メールの使い方のひとつとして、メーリング・リストがある。メーリング・リストは、団体や個人が運営しているもので、自分の電子メールアドレスを登録してリストに参加する。たいていは登録は無料である。インターネットのもともとの精神であるボランティアで運営されていることが多いからである。参加者の誰かが電子メールを送ると、それが参加者全員に配信される。そのメールに返事を書くと、それも全員に送られる。このように不特定多数の間で、情報交換や議論ができる仕組みになっている。

これはたいへん便利な仕組みである。何かわからないことがあったり、相談したいことがあると、しかるべきメーリング・リストに電子メールを送れば、たちどころに大勢の人からアドバイスを受けることができる。メーリング・リストは世界中に無数にある。子育てに悩む母親のためのリストから、専門的な学問のリストまで、さまざまな分野のメーリング・リストがある。前にも紹介した「編入ドットコム」(http://www.hennyu.com/)では、大学の社会人入学をめざす人や経験者のためのメーリング・リストを運営している。

専門的なメーリング・リストのなかには、過去にやり取りされたメールを保存したもの(アーカイヴと呼ぶ)をテーマ別に分類して、検索・閲覧できるようにしてあるものもあり、情報源として非常に役に立つ。

では自分が入りたいメーリング・リストをどうやって見つければいいのだろうか。検索エンジンのLycos（http://www.lycos.co.jp/）には、「メーリング・リストを探す」という項目があり、分野別に分類されている。また二木麻里さんの運営するアリアドネのサイト（http://ariadne.ne.jp/）にも「メーリング・リストを探す」という項目があり、そこに入るとメーリング・リストを探すための検索エンジンがあるので、効率的に探すことができる。試してみよう。

†インターネットを活用する

さて次はWWWサイトである。ここではすでにブラウザを使いこなせるという前提で話をする。まだうまく使えない人は、パソコンの案内書を見てほしい。

WWWサイトを探すには、ヤフー（Yahoo）、インフォシーク（Infoseek）、グー（goo）などのいわゆる検索エンジン（サーチエンジンともいう）を使う。これらのアドレスを、ブラウザのブックマーク（しおり）に登録しておく。いずれかの検索エンジンのサイトに接続し、検索語の欄に探しているテーマのキーワードを打ち込んで、エンジンに検索させるのである。検索エンジンにはそれぞれ個性があり、同じキーワードを打ち込んでも探してくるものが多少ちがうので、できれば複数の検索エンジンを併用したほうがよい。

最初に探すのは、「リソース・リスト」(resource list) である。リソース・リストは、訳せば「情報資源一覧」である。インターネット上に置かれた情報をリソースと呼ぶ。リソース・リストとは、インターネット上に散在している情報を分類して、カタログのように集めたものをいう。リソース・リストはひとつの分野・テーマについての情報資源を一カ所に集めてあるので、ばらばらのサイトをひとつひとつ探すよりもずっと時間が節約できる。それぞれの分野には、よく使われるリソース・リストがあるはずである。例えば私が専門とする言語学の分野では、LINGUIST LIST (http://linguistlist.org/) や、Human Language Page 改め iLoveLanguages (http://www.ilovelanguages.com/) などが、代表的なリソース・リストである。リソース・リストはインターネットによる情報検索の入り口であると考えるとよい。

こういうものを自分で探すのは時間がかかるので、ガイドブックを見たほうがよい。インターネットのガイドブックはたくさん出版されているが、ここでは特に勉強に役立つ次の二点を紹介しておく。

アリアドネ『調査のためのインターネット』(ちくま新書)

アリアドネ編『思考のためのインターネット』(ちくま新書)

ともに翻訳家二木麻里さんの運営するリソース・リストのアリアドネ (http://ariadne.

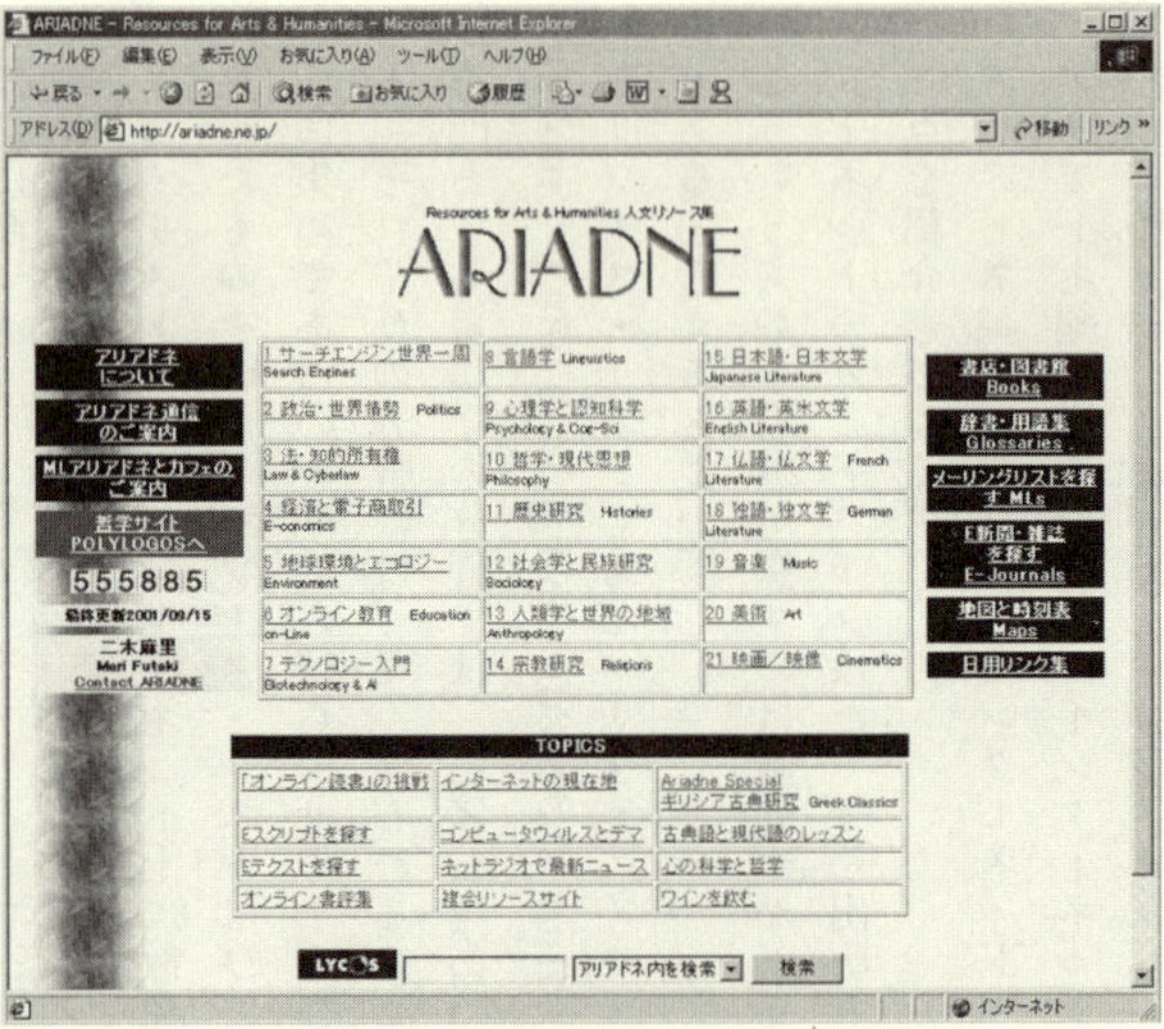

図２　アリアドネのホームページ

ne.jp/〉を基にして書かれている。

アリアドネは文科系のさまざまな学問分野のリソースを集めたリソース・リストで、このように総合的なものをメタリソース・リストと呼ぶこともある。この本で紹介されたリソースのサイトを訪ねることから始めると、次々と芋蔓《いもづる》式にいろいろなサイトにたどり着く。

リソースは文字通り情報資源なので、その種類はさまざまである。なかでも役に立つのは辞書である。ブリタニカ（http://www.britannica.co.jp/search/home）のように、インターネットでの百科事典検索サービスを始めた所もある。多くは料金を取ってサービスを提供しているが、無料で公開されているもののなかにも、便利なものが多い。またまた私の専門分野で恐縮だが、一例をあげると、カーネギーメロン大学のB. Mac Whinney教授のサイトには、心理言語学の用語集がありたいへん役に立つ(http://psyling.psy.cmu.edu/psyling/glossary.html)。

インターネットでキーワード検索すると、ときには何千ものヒットがある。とても全部見るのは不可能である。もっと細かい検索をするには、演算子を用いた検索方法を使う。検索エンジンによって呼び名はちがうが、Lycosでは「スーパーサーチ」と呼び、Yahoo Japanでは「検索オプション」というボタンが用意されている。

ふつうのキーワード検索で、ふたつの検索語をスペースをあけて打ち込むと、たいていはAND検索になる。「大学　千葉県」とすると、大学に関する情報と千葉県に関する情報の論理積、つまり重なる部分を取り出してくれる。「大学のうち千葉県にあるもの」である。細かい検索ではさらに条件を課した検索ができる演算子を使う。

例えばYahoo Japanの検索オプションでは、A＊BはAND検索（AかつB)、A＋BはOR検索（AまたはB)、A#Bは否定（AでありかつBでないもの）などとなっている。これを使えば「(東京＊本屋）#古本」は、「東京の本屋で古本屋ではないもの」という集合を切り出せる。

Lycosのスーパーサーチはさらに情報検索のプロ用の仕様になっていて、ADJ演算子は「ふたつのキーワードが隣り合っているもの」、NEAR演算子は「ふたつのキーワードが二五語以内にあるもの」、FAR演算子は「ふたつのキーワードが二五語以上離れているもの」などが用意されている。検索エンジンによって課すことができる条件にはちがいがあるので、自分の用途に応じた検索エンジンを探すのがよい。検索エンジンのホームページのどこかに使用法のボタンがあるので、目を通すとよいだろう。

本書は独学で勉強するための技術を解説したもので、インターネットの活用はそのなかで大きなウェイトを占めているが、他にもインターネット活用法のたぐいの本はたくさん出版されているので、詳しくはそちらを参照していただきたい。

【ブックガイド】

◆中尾浩『文科系のパソコン技術』(中公新書)

書名のとおり文科系の人間にパソコンがどのように役に立つかをていねいに解説している。特にパソコンをワープロとしてしか使っていない人に読んでほしい。

◆野口悠紀雄『「超」知的生産とパソコン』(アスキー出版局)

ベストセラー『「超」整理法』の著者によるパソコン活用法。効率的な文書の書き方からインターネットの活用法までくわしく解説している。
◆アリアドネ『調査のためのインターネット』（ちくま新書）
サイトガイドにも紹介したアリアドネから生まれた本で、こちらはインターネット初心者向きで、使い方をていねいに手ほどきしている。
◆アリアドネ編『思考のためのインターネット』（ちくま新書）
同じ著者の二作目。分野別に役に立つサイトをリストアップして紹介している。

【サイトガイド】
◆アリアドネ　http://ariadne.ne.jp/
翻訳家二木麻里さんの運営する勉強全般にわたる総合サイト。
◆Digital Creator-Jitn.com　http://www.jiten.com/
インターネット上に存在する事典・辞典の総合サイト。驚くべき数の辞典や用語集が網羅されている。その他に電子図書館・美術館・博物館へのリンクも充実している。
◆分野別人文系web　http://homepage2.nifty.com/atsuka/ush/206.html
美術研究家の塚原晃さんの個人サイト。美術・歴史・考古学・文学など文科系の分野別に個人または団体の運営するサイトがリストアップされている。

第七章　独学のための読書術

この章では前の章でかんたんに触れた読書術について、詳しく解説する。読書は知識・情報をインプットするための最も古典的方法である。書物の形態は古くは粘土板・パピルス・羊皮紙の巻物など、さまざまなものがあったが、グーテンベルクの活版印刷術の発明以降、数百年にわたってほとんど形態が変化していない。それだけメディアとして完成度が高いということなのである。

これだけ歴史が長いメディアなので、古来書物とつきあう方法については、いろいろなものが書かれてきた。しかし、ここで問題にしたいのは、単に楽しみのための読書、教養をつけるための読書ではない。目標があって勉強するための読書である。以下具体的に見てみよう。

†本は全部読むべきか

買った本は最後まで読むべきだろうか。私が学生のときは、言語学の勉強を始めるときに、古典とされている本を最初から最後まで読んだ。なにしろまだ自分には知識がないので、書かれていることは、いわばすべてが新しい知識である。それともうひとつは、一冊の本を最後まで読み終えることに達成感があり、またどこか修行をする人の自己満足感に近い感覚も覚えていたような気がする。これに加えて、本を書いた人に対する義務感のようなものもあったかもしれない。

しかしその後たくさん本を読むようになって、最後まで読み通すことは少なくなった。その理由は、本に書いてあることが全部、自分がその時点で必要としている情報ではないからである。かくして私の本棚には、読み始めて途中で止めた本、拾い読みした本などがたくさん並ぶようになった。

本を買った場合、お金をかけているので、最後まで読まないと損をしたような気になるかもしれない。しかし、読書に割くことができる時間には限りがある。少ない時間を有効に使うためには、本は最後まで読まないといけないという考えは捨てるべきだと思う。本は大事な所だけ読めばいい。どこが大事な所かは、あなたの勉強が進むにしたがっておのずとわかってくるはずである。

†読書の記憶を残す

本は漫然と読んでいては、内容が記憶に残らない。本を読むときに大事なのは、読書のリズムにめりはりをつけるということである。もうひとつ大事なのは、読書の記憶を残すということである。記憶は二種類の形で保存することができる。ひとつは本自体に残す方法、もうひとつは内容を他の媒体に書き写して残す方法である。このうち他の媒体に書き写す方法は、第八章の「情報を整理し活用する」のところで解説する。

本自体に読書の記憶を残すために、私が使っている道具は、蛍光マーカー・鉛筆・付箋の三種類である。本を読んでいて重要な箇所に行き当たったときは、蛍光マーカーで線を引き目立つようにする。本の内容についての意見は、余白に鉛筆で書き込む。そして特に重要な箇所には付箋を挟み、本を閉じてもその場所がわかるようにする。

こうすることの効用はふたつある。まず読書のリズムにめりはりができ、重要な箇所を視覚的にマークすることで、記憶に残りやすくなる。もうひとつは、言うまでもないが、後で本を見返したときに、全部読み直さなくても、重要な箇所だけを拾い出すことができるということである。

本は読み捨てにしてはいけない。本は再利用しなくてはならない。一度読んだ本を後になってもう一度開くことがないなら、それは読む必要のなかった本である。

アンダーラインを引いたり書き込みをしたりして、本を汚すことを嫌う向きもあるかもしれない。しかし、きれいな本は記憶に残らない。これは私が経験から学んだ法則である。積極的に汚すべきである。ただし、図書館から借りた本を汚してはならないのは言うまでもない。

†拾い読みをする

一冊の本を最後まで読む「まるごと読み」はしないほうがよいと述べた。これにたいしてお奨めしたいのは「拾い読み」である。拾い読みは、その時点で自分に関係のある重要な場所だけを読む技術である。

ではどうやったらその本のなかで重要な場所がわかるのか。目次と索引を利用するのである。

たいていの本には目次がついている。目次には章立てと章のタイトルがあり、場合によってはそれより細かい小見出しがあることもある。本を見るときは、まず目次にざっと目を通して、自分にとって重要な情報が書いてありそうな場所だけを読む。

また学術的な専門書には、索引がついていることが多い。キーワードになりそうな用語が並んでいて、その用語が用いられたページ数が併記されている。一種のキーワード検索の要領で、自分の求めているテーマに近いキーワードを頼りに、そのページの前後に目を走らせる。これはうまくいけば、かなり効率的な情報の収集方法になる。図書館の開架図書で参考文献を探す場合などに応用できる。だいたい立ったまま文献を探すので、じっくり読んでいる暇がない。

ただし、すべての書物に索引があるわけではない。学術的な専門書には索引があることが多いが、よくできていない索引のときは、あまり役に立たないこともある。

拾い読みしたときも、読書の記憶を残すようにしよう。アンダーラインを引いたり、付箋をつけたりして、後でまた利用できるようにする。必要があれば、カードなどに内容を書き写す。

†斜め読みする

最初から重要な本だとわかっていれば、まるごと読みして精読することもある。しかし、重要な本かどうかわからないときや、まるごと読みするだけの時間がないときはどうするか。斜め読みするのである。

斜め読みと拾い読みはちがう読み方である。拾い読みでは、目次などで見当をつけたページを開けて読むので、読む場所があちこち飛ぶことになる。斜め読みは原則として、本の最初から順番にページをめくって読む。

なぜ斜め読みというかというと、縦書きの本の場合、ページの右上から左下にかけての対角線の方向に目を走らせるからだろう。もちろん実際には、視線はもう少し不規則に上下しながら、左に移動していく。

斜め読みの場合、ふつうに読むよりも速い速度で視線が移動するので、本当に読んでいるわけではない。むしろ文字が目に映っているというほうがよい。斜め読みの場合に大事なのは、「問題意識を持って行なう」ということである。何か問題を考えているときには、ふつう頭のなかにはその問題に関するキーワードがいくつも浮かんでいるはずである。そういう状態で斜め読みしていて、ページのどこかにそのキーワードがあると、とたんに目が反応して（本当は脳が反応するのだが）、その場所で止まる。このように、斜め読みでは、ただ漫然と紙面を眺めているのではなく、いわば意識の焦点を故意にぼかした状態に保って、広域検索をかけているのである。斜め読みはある程度勉強が進んだ段階で行なう、やや高度な読み方だということがわかるだろう。頭のなかにキーワードのネットワークができていないと、斜め読みしても何も出てこない。

もちろん斜め読みのときにも、重要な箇所に行き当たったら、速度を緩めて内容をじっくり読み、アンダーラインを引いたり、書き写したりすることは言うまでもない。
斜め読みしている間は、本当に読んでいるのではないから、内容が頭に入るということはない。ただ重要なことが書かれていないということはわかる。だから参考文献として不要なものをつぶしていく作業にも使うことができるだろう。

†積ん読の効用

最後の読み方は積ん読である。これは買った本を机の上に積んだまま読まないでおくことを言うのだから、正確には読み方のうちに入らない。積ん読は一般にはよくないこととして非難されるのがふつうである。曰く「本は買ったら読まないと意味がない」。確かに正論である。

私も昔はそのように信じていた。そして買った本は読むように心がけていた。学生時代には買える本の数も限られている。しかし教師になると、すぐに読みたい本だけでなく、すこし関係のある本や、今はいらないがいつかは使う可能性のある本を大量に買うようになる。そうすると「買ったら読む」は実行できなくなり、必然的に積ん読になる。

非難の的になることが多い積ん読であるが、私はこれにはふたつの効用があると思っている。ひとつは前にも述べたことだが、昨今の出版事情が深く関係している。大量の書物が出版され、本の回転が異常に速くなったことである。書店に並んだ本は、それほど時間をおかずに店頭から消えてしまう。売られているうちに買わざるを得ないのである。ことに専門書は出版部数が少ないので、比較的短時間で在庫切れまたは絶版になってしまい、手に入らなくなる。だから積ん読は、在庫を抱えるという本屋さんの業務を、個人が代行しているようなものである。

積ん読には、もうひとつ効用がある。いかに買っても読まないとはいえ、全然読まずに本棚に直行ということはない。目次くらいはざっと目を通す。すると後ほど何かの機会に、そういえばあのことが書いてあった本がどこかにあったはずだという記憶がよみがえり、本棚から引っ張り出すということがままある。こうなると積ん読状態だった本は、拾い読みの対象となり、死蔵状態を脱してお役を果たすことになる。

†本の価値は参考文献である

一般の図書と学術的な専門書のちがいがどこにあるかご存じだろうか。一般図書は書いてあることがやさしく、専門書は内容がむずかしいと答えた人は失格である。難解な一般書もあれば、平易な専門書もある。

両者のちがいは「参考文献リストがあるかどうか」である。参考文献の有無は、一般書と専門書の目的のちがいに由来する。一般書の場合でも、著者はたくさんの文献を参考にして書くのがふつうである。本書とて例外ではない。しかし、参考にした文献をリストにして明示することは少ない。それは一般書では、必ずしも内容のオリジナリティーが問われることがなく、また著者は自由に自分の意見を述べることが多いからである。極端に言えば、何の根拠もない主観的な独断でもよいのである。独断のユニークさが読者を引きつけることもある。

しかし、学術的な専門書は事情がちがう。専門書を書くときには、今までに行われてきた先行研究を踏まえて、何か新しいことを論証しようとするのがふつうである。論証のためには、その基となる客観的根拠を示さなくてはならない。その根拠はしばしば文献であり、またさまざまな調査データである。

エッセーならば、「日本語は世界に稀なユニークな言語だ」と個人的見解を述べることは許されるだろう。しかし、学術的な専門書では、「日本語はユニークな言語だ」とだけ述べて済ませることは許されない。著者がそのように判断する説得的な根拠を示さなくてはならない。このためには、過去に日本語を研究した書物・論文をあげて、著者の見解を裏付けるような証拠を提示しなくてはならないのである。その証拠のありかを示すのが、参考文献リストである。

あなたが勉強を始めたのならば、これから専門書を読む機会が増えることだろう。専門書を読むときには、あなたが手にしている一冊の本は、他の無数の本への入り口だと考えなくてはならない。その入り口の役目を果たすのは、言うまでもなく巻末に添えられた参考文献である。

参考文献を見れば、その本がどの程度専門的に書かれた本かがわかる。勉強する人の立場から言えば、参考文献リストはこれから学ぼうとする学問分野のナビゲーターなのである。

では具体的に参考文献リストをどう使えばよいのだろうか。まず重要な文献を探す手掛かりとして使う。複数の本の参考文献にあげられている本は、まちがいなくその分野の基本文献であり、必ず読まなくてはならないものである。一冊の本にしかあがっていない文献は、重要度の低い文献である可能性が高い。繰り返しになるが、読書に使える時間は限られている。ましてや仕事を持つ社会人ならばなおさらである。効率的に勉強するには、自分が読まなくてはならない文献をできるだけ早く知ることである。それには参考文献リストが役立つのである。

私は大学の教員をしているので、学生からいろいろな質問をされる。そのなかでも多いのは、「自分は○○を勉強したいと思うのだが、それにはどんな本を読めばいいいか」という質問である。

実は学生からこの質問をされると、私はちょっとがっかりする。それはこの質問をする人は、自分で文献を探す能力（広くは一般に情報を探索する能力）が高くないと告白していることになるからである。どの分野でも定評のある基本文献がある。学生はそれを知らないので、手っ取り早く先生に聞こうというのは、もちろん理解できるし、非難されるべきものでもない。ただあまりに安易にたずねられて、こちらがその都度文献を紹介してあげると、自分で見つける能力が身につかないのではないかと心配してしまうのである。

さてここからが参考文献リストのふたつめの使用法なのだが、それは「次に読むべき文献を見つける」というものである。一冊の本を読み参考文献リストを見れば、必ず次に読まなくてはならない文献が見つかるはずである。それはなぜだろうか。

それは「本は決して一冊で完結するものではない」からである。本というものは、広大な無数の本の海に浮かぶ一冊なのである。他の本との関係がまったくなく、北天にただひとつ輝く孤絶した星のような本というものは存在しない。オリジナリティーが重要視される詩や小説のような分野ですらそうなのである。ましてや客観性を重んじる学術的な専門書には、過去の研究の批判的検討、他の学者の見解への賛成・反対、複数の調査データの吟味など、他の文献の情報がさまざまな形で盛り込まれている。これらは同じ数だけの他の文献へ至る道なのである。本を読むということは、いわば一冊の本を出発点として、手掛かりとなる糸をたぐりながら、本から本へと渡り鳥のように渡り歩く作業だと言ってもよいだろう。本読みの巧者とは、この渡りの作業が巧みな人を言うのである。

【ブックガイド】

読書法のたぐいの本は数限りなくある。しかしその多くはどのような本を読めばよいかという読書案内である。ここでは勉強のためにどのような本の読み方をすればよいかという点に触れているものをいくつかあげておく。

◆呉智英『読書家の新技術』(朝日文庫)

第一部「知の篇」、第二部「技術篇」、第三部「ガイド篇」の三部構成からなり、第二部「技術篇」が有用である。著者は希代の読書家だが、「古典・漢籍の読み方」という章があることに驚かされる。一九八二年に出た本だが、その時点でもう古典・漢籍に基づく教養はとっくに死んでいたはずである。

◆鷲田小彌太『「本」はこう買え! こう読め! こう使え!』(大和書房)

この本も前半は方法論、後半はブックガイドで、前半は六〇ページしかないので立ち読みで済ませることができる。

◆立花隆『ぼくはこんな本を読んできた』(文芸春秋)

近年の読書論のなかのベストセラー。立花が「本は文化遺産ではない」「古典を読むな」と力説するのは、さまざまな現代の知のフロンティアに挑戦してきた人ならではの重みがある。

◆苅谷剛彦『知的複眼思考法』(講談社)

第二章のブックガイドにもあげておいたが、「創造的読書で思考力を鍛える」という章で著者は「批判的読書」を説いており、傾聴に値する。

第八章　情報を整理し活用する

†舞台裏の秘密

この章ではいろいろな情報資源から得た知識・情報を、どのように整理し活用するかという問題について解説する。内容的には、何に記録整理するかというハード面と、どのように記録し活用するかというソフト面に分かれる。

「知的生産」という言葉を初めて使ったのは、おそらく梅棹忠夫『知的生産の技術』であろう。この本のもとになった文章は、岩波書店の『図書』に連載されたもので、一九六五年に始まっているからその年が最初ということになる。

知的生産は情報のインプットとアウトプットからなる。インプットとは、文献・資料・調査などの情報資源から、知識・情報を得る作業をいう。アウトプットとは、論文や本を書いたり発表したりして、みずから情報を発信する作業をいう。

私たちはふだんはアウトプットしか目にする機会がない。あなたが読む本や論文も、あなたが聴く講演や講義もすべてアウトプットである。そのもとになったインプットは、いわば舞台裏で行なわれているので、秘密のベールに隠されている。梅棹氏の本は、この舞台裏を技術という明示的な形で示したところが新鮮だった。

人はあまり舞台裏を他人に見せたがらない。しかし、舞台裏にこそ知的生産の秘密があり、勉強の秘訣がある。

私は大学で教師をしているが、講義の準備にはかなりの時間をかけている。特に取り上げるテーマが新しいものである場合、関係する文献を読み、内容を整理・記録し、それをもとに講義ノートを書く作業に、大学の春休みや夏休みをまるまる費やすこともある。

これについて家人がおもしろい感想を漏らしたことがある。家人が大学生だったとき、講義を聴いて先生とは何でもよく知っているものだと感心した。ところが私が家でしている講義の準備作業を傍から見て、先生も実は最初から知識が豊富なのではなく、下調べをしているのだとわかったという。感心する気持ちが薄らぎ、手品のタネを明かされたようで、がっかりしたというのである。

しかし、ここでがっかりする必要はない。どんな名著、どんな名講義でも、下準備なしにいきなり生まれることはない。結果に至るまでの舞台裏の長い道のりがある。知的生産のプロは、この舞台裏の作業を上手にできる人なのである。

次節からは、知識・情報を記録整理する作業のハード面について解説する。

†大学ノートの郷愁

授業に出て講義を聴くと、誰でもノートを取る。高校・大学ではたいていの人は大学ノートを使う。授業の内容を記録するには、これでよいだろう。授業は時系列に沿って展開される。時間の流れのままに記録するには、大学ノートは適したメディアである。ページに区切られているとはいえ、基本的に巻物方式だからである。

しかし自分で文献を読んだり、調査したりして得た知識・情報を記録するには、大学ノートは向かない。その理由は、記録した内容を後で再利用することがむずかしいということに尽きる。

学期末に試験があると、学生は講義ノートを読み返して準備する。講義の時間の流れをそのまま再現して、記憶を新たにするのである。しかし、次の学年になったり、何年も経過してから、何冊もあるノートのどこかに記録したという漠然とした記憶をたよりに、目的の情報を見つけだすのはむずかしい。あてもなくノートを何冊もぱらぱらめくる羽目になるだろう。

大学ノートでは、情報が「定型化」されていない。ひとまとまりの情報は、一行の文章になっていることもあれば、数ページにわたっていることもある。また大学ノートでは、情報が「分類」されていない。頭から順番に記録されているだけである。

大学では、定期試験を受けたり、学年末のレポートを書いたりするレベルでは、大学ノートで何とかこなすことができるだろう。だから、社会人になっても、勉強というと反射的に大学ノートに手が出る人が多いと思うが、これでは能動的な知的生産はむずかしい。

†インプットとアウトプットのバランス

本や資料を読んで、そこから得た知識・情報を記録・蓄積するのがインプットである。貯えた知識をもとに文章を書いたり発表するのがアウトプットである。

先に読書術について述べた所で、読書は記憶を残さなくてはならないと言い、重要な内容はメモしなくてはならないと書いた。これはインプットの重要性を述べたのである。

しかし、インプットする過程でカードなどを作って記録するべきではないとする意見もある。立花隆氏は、田中角栄内閣崩壊のきっかけとなった「田中角栄研究」を始めとして、宇宙旅行・脳科学など、つぎつぎと新しい分野についてレポートしている知的生産の巨人である。その立花氏は『「知」のソフトウェア』（講談社現代新書）のなかで、新しいテーマを勉強するときには、とにかく入門書をたくさん読むべきであり、その過程ではノートをとるべきではないと述べている。また梅棹氏の刺激を受けて自分もカードを作り始めたが、すぐにやめてしまったという。もし自分が得た情報をカードにいちいち記録していたら、それに時間をとられてしまって、自分が今まで実現してきたアウトプットの十分の一もできなかっただろうとも述べている。

立花氏のやり方は、とにかく自分が取り組むテーマについて膨大な文献資料を集めて、片っ端から読破するというものである。しかし、このような方法は、立花氏のように、旺盛な知的好奇心と理解力に加えて、重要な情報とそうでない情報を嗅ぎわける長年ジャーナリストとして培ってきた鋭い勘の持ち主でなくてはできないことである。おまけにこの方法は、「短期決戦型」に向いている。あるテーマについて本を書くことを決めて、文献資料を読破し、それが一冊の本になって世に出るという直線的な仕事のやり方である。

しかし、一般的に私たちのする勉強は、そのように直線的に展開するものではなく、目的も方向もはっきりしないまま、紆余曲折することのほうが多い。例えば私は現在取り組んでいる論文のテーマに関するもの以外の文献を読むことがある。何らかの必要に迫られて、あるいは純粋に興味から読むのである。今書いている論文のテーマが主旋律であるとすれば、かたわら読んだ文献の内容は、副旋律である。私は副旋律を常時たくさん抱えている。そこで得た情報は、今書いている論文で使うわけではない。ならばどこかに記録しておかないと、時間とともに消えてしまう可能性が高い。

ただし、入門書をたくさん読むときや、基礎的知識を得るために乱読するときは、いちいち詳しくメモを取っていては先に進まない。大事なのはインプットとアウトプットのバランスである。

†情報カードを作る

ここで情報カードというのは、梅棹忠夫『知的生産の技術』で紹介された京大式カードである。B5判ノートを横半分に切ったB6判の大きさで、キャンパス・カードという商品名で売られていることもある。薄いブルーの罫線の幅にはいろいろの種類があり、左端に穴が二つあいているものもある。携帯のためのホルダーやバインダー、保管のためのボックス、整理のための仕切カードなどの付属品も販売されている。大きな文房具店に行けば売っていると思うが、念のため品番を書いておく（コクヨ　キャンパス・カードCD-4D　八ミリ罫で穴のないタイプ）。

私は学生時代からこのカードを使っていて、卒業論文や修士論文を書くときにも大活躍した。数年前パソコンのデータベース方式に移行するまでは、私の研究活動のいちばん重要なツールの座を占めていた。

情報カードの最大の効用は、情報の「定型化」とメモの「体系化」である。カードという決められた大きさの媒体に記録することで、情報は定型化される。定型化された情報は検索が容易である。また決められた媒体に記録する方式により、何を書くかというメモのやり方が体系化される。メモごとにちがった内容をちがったやり方で記録していたのでは、後で利用がしにくい。体系化は情報を使いやすくする。またカードの大きさが決まっていることにより、だらだらと書きつづることができないため、必要な情報を簡潔にまとめて書く習慣がつく。

梅棹氏も強調しているように、原則は「カード一枚にひとつの情報」である。一行や二行しか書いていないカードがあってもかまわない。一枚のカードにいろいろなことを書くと、あとで検索ができなくなる。これは情報を単位に分解するということである。

カードには最上段に見出しをつける。見出しは検索のときの手掛かりになるものであるから、簡潔にカードの内容を表すものをつける。見出しはできるだけ「文」にしたほうが、後で検索するときにわかりやすい。「日本語の特殊性」のように体言でまとめずに、「日本語は特殊な言語である」のように文にするのである。

またできればカードのいちばん上の右か左の端に、検索語として使えるキーワードをつける。右の例なら、「日本語」と「特殊性」である。これはあとで述べるカードの分類のときにも使う。

†カードに何を書くか

梅棹氏の本のなかでは、情報カードはルネッサンスの万能の天才レオナルド・ダ・ヴィンチの発見の手帳の現代版として紹介されていた。梅棹氏はこのカードに、何でも思いついたことを書くようにと本のなかで勧めている。学生だった私は、このカードに何でも書いて貯めておくと、そのうち天才的なアイデアが浮かぶのかと思った。しかし、恥ずかしい話だが、それは若気の至りで、何も天才的なアイデアは浮かんでこなかった。私のカードの使い方がまちがっていたのである。

最初のうち私は、本を読んだ感想や、日々頭に浮かんだことを、さして脈絡もなくカードに書いていた。要するに記録する内容が主観的だったのである。肥大した自我を持てあます十代終わりの若者の頭をよぎる考えは、すべて主観的な色調に染め上げられていて、あとで再利用できるような代物ではなかった。私はこのことに気づいたとき、それまで書き貯めたカードをすべて捨てた。そしてカードには「事実」を書かなくてはならないと思い知ったのである。

レル・ラレルの根元的意味は受け身か自発か？　　受動、自発
「れる」「られる」の4つの意味の展開については、受け身→自発→可能→尊敬の順序に意味の転化があったとする山田孝雄説と、すべての意味は自然にそうなるという「自然動」すなわち自発から発生したとする橋本進吉説の二つの考え方が主要なものである。 荒木博之「やまとことばの人類学」朝日選書、1985, pp. 13-14 1982/4/23

図3　情報カードの一例

事実とは何か。それはあなたが見聞きしたこと、文献を読んで知ったこと、調査して出てきたことである。私は新聞記者やルポライターではないから、自分で見聞きしたことというのは、この場合当てはまらない。また理科系ではないから、実験して得られたデータも関係ない。私のように行動派ではない文科系の人間にとっての事実とは、文献から得た知識・情報、調査して得られた情報である。

ここでお断りしておくが、実際にはカードの使い道はこの他にもある。事実を基にして思いついたアイデアを書くこともあるし、論文の章立てを考えたり、講義計画を練ったりするときに、項目を書いておいてそれを並べ替えて、全体の構成を考えたりするのにも使う。しかし、これはやや進んだ段階での使い方だろう。

これからカードを使い始める人は、まず「事実」

を書くことである。そうでないと後から使える情報にはならない。

もっと具体的に話を進めると、本や論文を読んで、重要な内容をまとめてカードに書く。もっと重要な部分は、そのまま引用という形で書き写す。文学研究などの場合は、作品の引用が大きなウェイトを占めるので、原典から書き写す機会が多くなるだろう。

私は文献を読むときは、重要な箇所に蛍光マーカーで印をつけていき、最後まで読んでから印をつけた部分をカードに取るというやり方と、重要な箇所に行き当たったときにその場でカードを取るというやり方を併用している。以前は最後まで読んでからカードを取るほうが多かった。最近はその場でカードを書くことのほうが多い。その理由は、文献そのものの内容よりも、文献を読んでいるうちに触発されて浮かんだアイデアのほうが重要になってきたからである。アイデアはその場で記録しないと、すぐに消えてしまう。

ノーベル賞を受賞した湯川秀樹博士は、就寝するときいつでもアイデアをメモすることができるように、枕元に紙と鉛筆を置いていたという。また受賞理由となった中間子理論を思いついたのは、台風で荒れ模様の夜に寝ていたときだともいう。

しかしこの話には欠けている部分がある。それは湯川博士はアイデアが浮かぶまでに、たくさんの論文を読み、問題点を洗い出して考えるという予備作業を、すでに済ませていたということである。アイデアが浮かぶ状態とは、コップに水が一杯に入っている状態にたとえることができる。外からのちょっとした振動などの刺激で、すぐにこぼれてしまう。こぼれたものがアイデアである。こぼれるきっかけはささいなことでよい。しかし、この状態に達するには、コップに水を一杯にする作業を営々と続けなくてはならないのである。

アイデアは無からは生まれない。アイデアが生まれる状態まで自分を持っていく努力がいるのである。勉強の場合、それは参考文献を読み、内容をカードにとって知識・情報を蓄積するという作業である。

†属性情報の重要性

文献は二種類の情報を含んでいる。書かれている内容を、本体情報または一次情報と呼ぶ。文献を読むときは、もちろん本体情報から知識を得ようとしているのである。しかし、勉強の初心者がややもすれば忘れがちなもうひとつの情報がある。属性情報または二次情報と呼ばれるものである。

書籍の場合は、著者名、書名、刊行年、出版社、出版地が属性情報である。論文の場合は、著者名、論文名、掲載雑誌名、刊号、掲載ページ数となる。より詳しくは、書籍の場合は、第何版かという情報も加わる。学問によっては、書籍の紙質や活字、綴じ方も属性情報になる場合がある。手書きの資料では、筆跡もそうである。

情報カードには本体情報だけを書いてはいけない。その理由はあとで再利用できなくなるからである。カードに書いた情報を再利用するということは、あなたが書く文章で、その情報に言及したり引用したりするということである。これが大学のレポートだったとしよう。レポートに「誰それは〇〇と述べている」とあなたが書いたら、その出典を注などの形で示さなくてはならない。一例をあげると、

鈴木孝夫は「外国語の本を読んで、その意味が正しくわかるためには、その本が成立する文化的な前提をしらなければだめだ」と指摘している。（注三）

注三　鈴木孝夫『日本語と外国語』岩波新書、一九九〇、四五ページ

もしカードに本体情報しか書いていなければ、引用箇所を探すために、もう一度その本を取りだして目を通さなくてはならない。これでは何のためにカードを取ったのかわからない。

だからカードを書くときには、本体情報と同じカードに属性情報も書かなくてはならない。やってみればわかるが、これはけっこう手間である。特に同じ本から何枚もカードを取るときには、書名・著者名などを何度も繰り返して記入するのは、無駄なことをしてい

るような気がしてきて、つい省略したくなる。あとで自分がわかる自信があれば、略号などを使ってもよいだろう。しかし、自分の経験から言うと、はしょった書き方をすると、時間が経つにつれ自分でもわからなくなることが多い。過去の自分はもう自分ではないと心すべきである。

カードにはもうひとつ書かなくてはならないことがある。カードを作成した年月日である。人間の記憶は時間と結びついて活性化されることが多い。年月日はこのような場合に役立つことがある。

†カードの分類と整理

さてあなたが文献を読んで、内容を記録した情報カードをたくさん作ったとしよう。カードには内容を表す見出しと、キーワードが書かれているはずである。作成したカードは、見出しとキーワードを基準として、分類整理する。このときは市販されているカードボックスを使うとよい。もちろん手作りでもOKである。

情報管理に関する本は、必ず分類・整理の重要性を強調している。しかし頭の痛い問題が発生するのもまた分類・整理なのだ。

ふつうはテーマ別で分類する。例えば戦前の旧植民地での日本語教育について調べているのならば、「満州国」「朝鮮半島」「台湾」「南洋群島」「南洋庁」「中島敦」「昭南日本学園」などの分類項目が並ぶだろう。このなかには大きな項目もあれば、小さな項目もある。最初は項目の大小は気にしなくてもよい。項目が大きすぎることに気づいた時点で、もっと小さな項目に分類しなおせばよいのである。

分類に関する問題点のひとつは、複数の項目にまたがるカードの処理である。例えば『山月記』で知られる作家中島敦が、病気療養もかねて南洋庁に勤務していた時代についてのカードは、「中島敦」と「南洋庁」のふたつの項目にまたがる。このようなときはどうすればよいか。

理想的なのは、同じカードを二枚作成することである。しかし、手書きでこれをするのは手間がかかる。カードをコピーしてもう一枚作るという手もある。ただしこれをするには家庭用コピー機がいる。

もうひとつの問題は、どの項目にもぴったり収まらないカードが出てくるということである。そのカードのためだけに一項目立てるほどではないとき、処理に困ることになる。

これから情報カードを使おうという人に私がお奨めするのは、最初のうちは項目分類にあまり厳密にならないということである。最初からあまり厳密に考えてしまうと、カードの作成と整理にたくさんの時間をとられてしまう。カードは活用することが大事なので、使っていくうちに自分なりのやり方が生まれてくるものである。

私自身もずいぶんと試行錯誤を繰り返した。そのひとつは複数のカードのあいだの関連づけである。ある内容をカードに記録するとき、その内容がすでに作成したカードと関連があるとき、「カード○○を参照」という送りをつけたいことがある。このために、一時はカードに通し番号を打ったこともある。そうすると「カード○○番を参照」と記録できる。しかし、これはすぐに挫折した。作ったカードは分類してしまうので、今書いているカードが何番目かがすぐにわからなくなったからである。この問題は、紙のカードを使うのをやめて、パソコンのデータベース方式に移行することで解決した。データベース方式だと、自動的にカード番号が振られるし、カード相互間のリンクを張ることもできる。

†カードを活用する

情報カードは知識・情報のインプットに用いるものである。作ったカードは分類・保管するが、そのままでは死蔵したことになる。カードを作って安心してはいけないのである。カードは活用しなくてはならない。梅棹氏も著書のなかで、「カードはくりかえしくるものである」と述べている。

あるテーマについて参考資料を調べて、重要な内容を情報カードに記録するという作業が一段落したら、あなたの手元にはしかるべき基準で分類整理されたカードが貯まっているはずである。次にそのテーマについて、レポートなり何なりの文章を書く段階で、書き貯めたカードが活躍することになる。ここからは、書く文章の構成を組み立てる作業と、それにともなう発想という段階になる。

書き貯めたカードを読み直し、内容の相互関連によって、小さな山に分けていき、山を配列しなおすと、文章の構成になる。カードの内容は文章の材料であり、材料のなかから文章の構成が浮かび上がるのが理想的である。もっとも最初から理想的にはいかないもので、たいていは行きつ戻りつのジグザグ歩行を繰り返すことが多い。このためには、できるだけ広い机があるのが望ましい。机に広げたカードを、トランプ遊びの神経衰弱の要領で、関連するものにまとめていくのである。

カード活用の核心はこの段階である。情報資源から得た内容をカードに記録するのは、ここに至る予備段階にすぎない。この段階では何をしているのかといえば、構想を練るという本来頭のなかで行なう作業を、頭の外で誰でも目に見えるかたちでしているのである。カードの本領はこのように、「考える」という知的作業をサポートしてくれるところにある。その中心的作業は、カードの「組み替え」と「関連づけ」である。

考えるという作業をしているのは脳である。脳の細胞が突起を出して、電気パルスと神経伝達物質のやり取りでネットワークを作る。私たちがよく行なう思考は、出来上がった回路を使うので、抵抗が少なく実現しやすい。新しい思考は使ったことのない回路を用いるので、抵抗が大きく実現しにくい。発想の基本は、「異なるものの間に共通点を見つける」「同じもののなかに相違点を見つける」「かけ離れたものの間に関連性を見つける」「ある事象とある事象の間に因果関係を見つける」といった、基本操作に還元することができる。情報を項目化したカードを、まとめたり、ふたつの山に分けたり、並べ替えたりする作業は、ある意味で私たちが頭のなかで行なっていることを、視覚化していることになる。

情報資源からカードを作り、内容別に分類したものは、あくまで出発点にすぎない。もとになった情報資源本体の配列に沿ったものになっているはずである。このままでは情報は生きてこない。新たな組み替えが必要である。本来関連性のない別の情報資源から得たカードと関連づけられたときに、新たな視点を生むのである。

新しいアイデアを生み出すための手法としては、川喜田二郎『発想法』（中公新書）で紹介されているKJ法がある。KJ法も一種のカードシステムで、調査した内容を小さなカードに書き、それを関連するものにまとめて、おおぜいでブレーン・ストーミングするというものである。肝心な点については、ここで紹介している手法と大きく異なるものではない。

立花隆氏は『「知」のソフトウェア』（講談社現代新書）のなかで、KJ法に代表されるカードシステムは役に立たないと述べている。KJ法は頭のなかでとりとめもなく考えるという、誰でも実践している意識内のプロセスを、意識の外に出したものにすぎず、頭の鈍い人が集団でするときにしか利点を生まないとまでけなしている。かわって立花氏が推奨するのは、とにかく情報をインプットして、あとは無意識の潜在力にゆだねるという方法である。

しかし、これは立花氏のような強力な頭脳を持ち、ジャーナリストとして経験豊かな人にして、はじめて当てはまるアドバイスというべきだろう。勉強を始めた段階の人は、頭の中に事項のネットワークを作って、それをさまざまに操作するという抽象的な知的作業に慣れていない。これを外在化して一連の手順にしたのが、カードシステムなのである。

野口悠紀雄『「超」発想法』（講談社）には、ずばり「KJ法は役に立つか」という章がある。著者は「普通の人が頭のなかでやっている作業を、なぜわざわざ紙に書く必要があるのかというのがKJ法にたいする最大の疑問である」として、KJ法は役に立たないと切り捨てている。その主な理由は「思考の断片を書き写すと時間を浪費する」点と、「KJ法にはモデルの思考がない」という点である。

確かにカードを作るのは時間がかかる。一年に何冊も本を書くほど生産的な人にとっては、時間がかかりすぎるのは確かである。しかし、それは勉強の上級者に当てはまる批判にすぎないだろう。ふつう、勉強の初心者は、さまざまな情報源から得た知識・情報を整理・記憶し、それを並べ替えて関連づけるという抽象的頭脳作業に慣れていない。私が勉強を始めた頃を振り返っても、また自分の学生を見ていても、勉強のある段階ではカードシステムは確かに有効だと考えるのである。

†パソコンでカードを作る

私は最初は紙のカードシステムを使っていたが、数年前からパソコンのデータベースソフトを用いたカードシステムに移行している。その理由は単純で、書き貯めたカードの枚数が増えて、検索することができなくなったからである。一応分類してあるとはいえ、何千枚もあるカードのなかから目差す一枚にたどり着くのは至難の業である。

パソコンを用いる方法の利点はいくつもある。カードには文献から重要な箇所を書き写していることがある。いわゆる引用カードである。自分が書いている文章にそれを使おうとすると、もう一度書き写さなくてはならない。これは二度手間である。パソコンで文章を書いている場合は、コピー&ペースト機能でかんたんにコピーできる。また同一文献から何枚もカードを作るとき、文献の属性情報を何度も記入するのは苦痛であるが、パソコンでは属性情報を先に書き込んだ白紙のカードを何枚もコピーしてから内容を記入すればよい。また複数の項目にまたがるカードの分類はむずかしいと述べたが、パソコンならば同じカードを何枚もコピーできるので、複数枚作ることはいともかんたんである。

しかし、パソコン方式の最大の利点は、「分類する必要がなくなる」ということだろう。なぜならばデータベースでは、あらゆる語句をキーワードとして検索することができるからである。検索が自由にできるならば、分類する必要はない。だからカードは大きなひとつの束にしておいてよいのである。ひとつの束にしておいたほうが、検索が一回で済むので便利なのである。著者名でも、書名でも、記入内容に含まれた語句でも、キーワードでも検索できる。私はこれでカードにつきものの分類問題から解放された。

パソコン上でカードシステムを実現するには、データベースソフトを使うのが一般的であろう。私はパソコンはアップル社のマッキントッシュを使っているので、ハイパーカードというソフトを自分流にアレンジして用いているが、やや特殊なニーズに合わせてあるので、あまり一般にはお奨めできない。一般に使われているデータベースソフトとしては、例えばファイルメーカーがある（http://www.filemaker.co.jp/）。マッキントッシュ版とウィンドウズ版の両方があり、たいへん高機能のデータベースソフトである。マッキントッシュで統合型ソフトのアップルワークスを使っている人は、そのなかのデータベース機能を使えばよい。

ファイルメーカーもカード型を基本としている。データベースソフトにデータを書き込む欄をフィールドと呼ぶ。最初は白紙のデータベースのカードに、自分に合わせてフィールドを作成する。これが型紙だと思えばよい。フィールドとして最低必要なのは、著者名、文献名とページ数、キーワード、内容、作成日付である。これに自分の必要に応じたものを足していけばよい。

パソコンのデータベースソフトを用いた情報カード方式は、すでに述べたように分類する必要がない点や、検索機能によって目的のカードに早く確実に到達できるなど、利点が多い。しかし、欠点もないわけではない。

そのいちばん大きなものは、「一覧表示」ができないということだろう。紙のカードならば何枚も同時に開いて見較べることができる。しかしデータベース方式では、一度に表示できるカードは一枚に限られる。

また持ち運びの便利さという点では、紙のカードは優れている。カードボックスから必要なカードだけを取り出してかばんに入れて運ぶことができる。もっともノート型パソコンが小型化・軽量化しているので、これはあまり問題にならないかもしれない。

†ワープロでデータベースを作る

ただデータベースソフトは習熟にやや時間がかかるので、初心者には敷居が高いかも知れない。またデータベースソフトでは、日本語とアルファベット以外の文字は使えないことが多く、中国語の簡体字、韓国語のハングルなどの文字を使う人には向かない。かく言う私も日本語フランス語混じり文をいちばん多く書くので、ふつうのデータベースソフトは使えないのである。

そういう人のために、いささか使い勝手は劣るが、データベースと似た機能を手軽に実現するやり方を紹介しよう。ふつうのパソコンユーザーが一番多く使っているアプリケーションソフトはワープロだろう。情報カードに当たるものをワープロ文書として作るのである。文書の特定の場所に特定の項目を書くなどのレイアウトは必要ない。ただし、書き込む内容が文献から得たものならば、著者・書名などの文献の属性情報は、文書のどこかに必ず書くようにする。文書の大きさも気にする必要はない。こうして書きためたワープロ文書を、どこかひとつのディレクトリー（フォルダ）に保存する。

データを再利用するときは、検索をかけるのである。ここで検索には二種類あることに留意しよう。ふだんよく使われているのは、「ファイル名」での検索である。ファイル名とは、文書を保存するときにつける名前である。これで検索してもよいのだが、これだとファイル名に含まれる語句でしか検索できない。もっと強力なのは、文書本体に含まれる任意の語句で検索する方法である。これを「全文検索」という。

ウィンドウズでは、スタートメニューの「検索」から「ファイルやフォルダ」を選び、「含まれる文字列」という項目に、自分が探している文書に含まれるキーワードを打ち込む。少し待つと「○○個のファイルが見つかりました」というメッセージとともに、見つかった文書がリスト表示される。めざす文書の名前をダブルクリックすると、その文書が開かれる。

図4ではMy documentフォルダのなかにある「言語政策」という単語を含むファイルを検索して、二件あるという結果がでている。

例えば一冊の文献から得た情報を記録した文書を複数個作ったとする。このときは文献名を検索語として検索してやれば、その文書がすべてリストになって表示される。検索語は著者などの固有名詞でもよいし、自分が作った文書に含まれていそうなテーマ名（例えば「環境破壊」「情報化社会」「IT戦略」など）でもよい。

これはふつうは行方不明になった文書を探す方法である。しかしこの全文検索という方法を使えば、書き貯めたワープロ文書を、一種のデータベースとして活用することができ

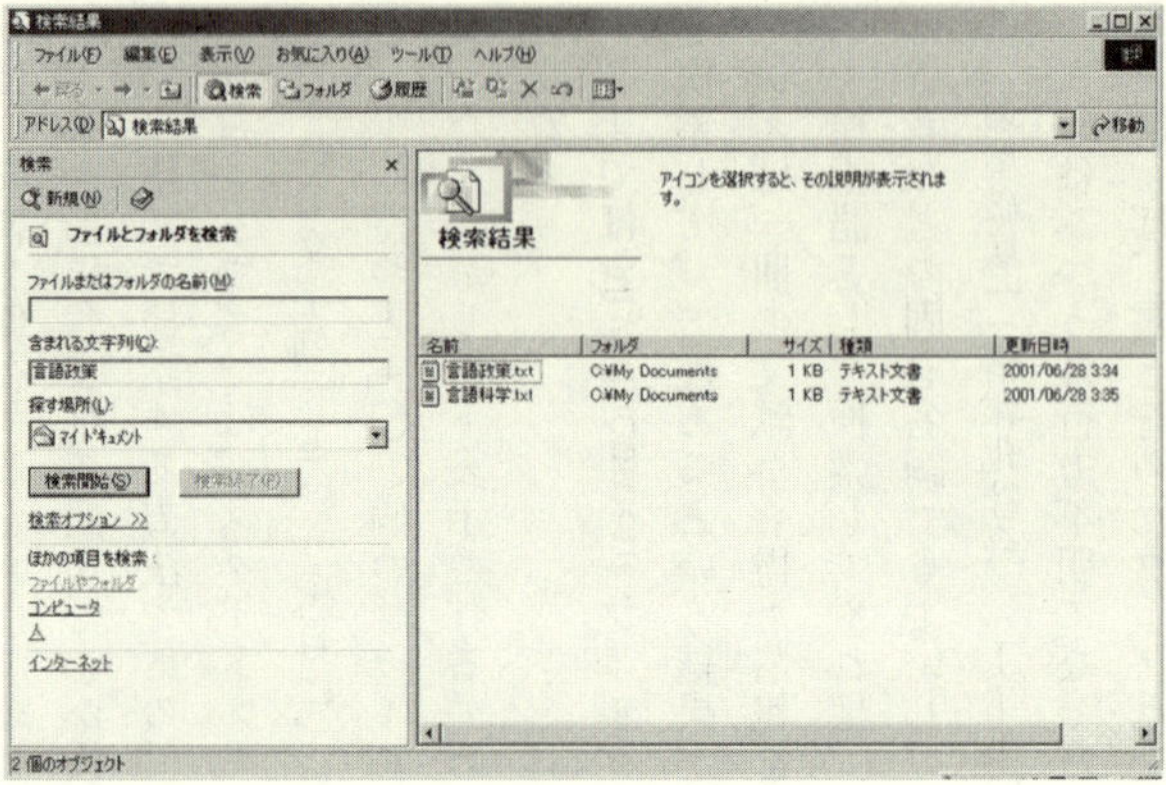

図4　ファイル検索画面

る。

この方法は手軽なのだが、欠点もいくつかある。データベースの場合は、フィールドを指定して検索できる。例えば「書名」フィールドを対象として、書名に「環境」という語句を含むデータだけを検索できる。しかし全文検索方式では、書名だけでなく、自分が書いた文章に含まれる「環境」という語句も拾ってしまうので、探しているものより大きな集合を取り出してしまうのである。これを避けるためには、もう少しきめの細かい検索ができることが必要になる。

パソコンに強い人は、右に説明したことをワープロソフトではなく、エディタのgrep機能を使ってするとよい。エディタとは、ワープロソフトのような文字飾りやレイアウト機能をなくして、文字を並べるという機能に特化した文書作成ソフトである。grepとはglobal regular expression printの頭文字を取った略語で、もともとは正規表現を扱うためのものだが、ここではかんたんに任意の文字列を検索するツールとしておこう。grepには「タグジャンプ」という機能があり、検索結果をクリックすると、もとの文書のヒットした場所にジャンプしてくれる。代表的なエディタにはgrep検索機能が付属している。

†文献カードを作る

この本は広い意味での文科系の人を読者の対象としている。文科系の場合、何かと文献の世話になることが多い。文科系でも意識調査などの社会調査、野外調査などの場合は、データ収集が中心的な作業になるが、得られたデータを分析吟味して、意味づけを行なうときには文献を参照する。

勉強のプロは必ず文献カードを作る。勉強の初心者はこの必要性を理解しにくいらしく、あまり文献カードを作らないようだ。しかし、初心者でもこれから勉強を始めようとする分野には、どのような基本文献があるかを知らなくてはならない。それはリストの形でどこかに保存されるはずである。大学ノートのどこかにメモ書きしたのでは、後になって探し出すのがむずかしい。またレポートを書くときに、すべての内容を自分の頭からひねり出すことはない。それはレポートではなく、エッセーか感想文である。レポートには書くのに参照した文献を参考文献として示さなくてはならない。このためにも文献カードは必要なのである。

文献カードにもB6判の京大式カードを使ってもいいのだが、サイズが大きすぎるので、私は図書館で使われている目録カードを使っていた。横一二・五センチ、縦七・五センチのやや厚手のカードで、文房具店で売っている。保管整理用のケースも売られている。

文献カードに書くのは、文献の属性情報である。本ならば、著者名、書名、出版社、出版年、雑誌論文ならば、著者名、論文名、掲載雑誌名、ページ数、出版年である。これに加えて自分が必要とする情報を書き込む。

私はこれから読みたい文献であれば「要探索」、すでに持っている文献ならば「所有」と書き込んでいた。これは持っている文献と、持っていない文献を区別するためである。またこれから探す文献なら探す理由を、読んだ文献なら内容についての短いコメントを書いていた。

レポートなどを書いて、最後に参考文献を示すときには、文献カードを著者の五十音あるいはアルファベット順に並べ直して、書き写せばよい。

私は今では文献カードもパソコンの専用のソフトで作っている。「文献管理ソフト」と呼ばれる専用ソフトがあり、このような定型データの処理はパソコンが最も得意とする作業なので、使いやすく便利である。ウィンドウズ用にはGetARef（パーシティウェーヴ社販売 http://www.univcoop.or.jp/vw/index.html）、フリーウェアのBUNSO（http://hp.vector.co.jp/authors/VA005818/index.html）などがある。End Note（ユサコ販売 http://www.usaco.co.jp/niles/endnotemain.html）はウィンドウズ用とマッキントッシュ用の両方

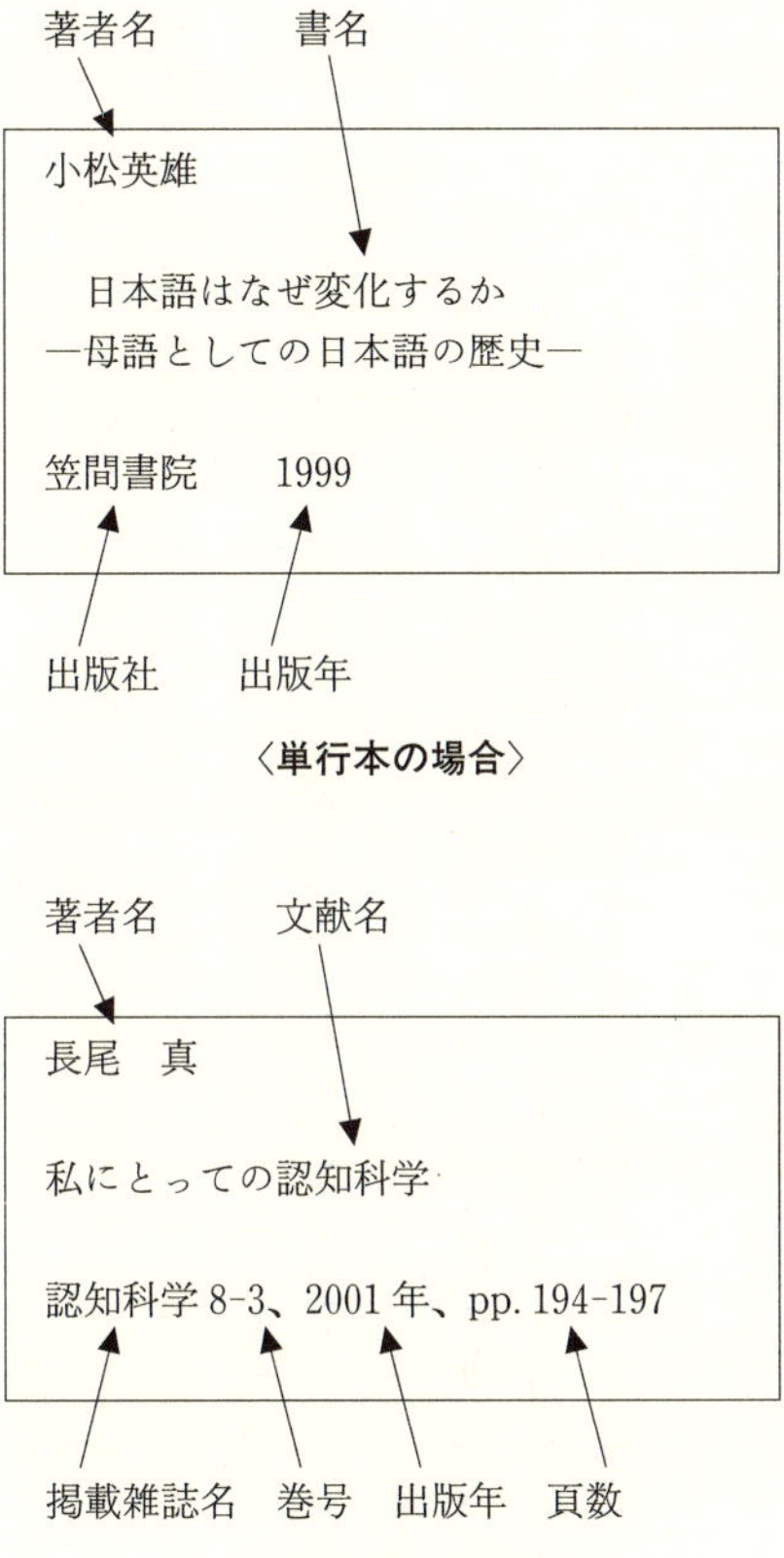

〈単行本の場合〉

〈雑誌論文の場合〉

図5　文献カードの一例

がある。End Noteはもともと英語用に作られたソフトで、日本語も入力できるようにローカライズされていたが、現在販売されているVersion 5ではローカライズされておらず、英語専用になってしまったのが残念だ。なお今でもVersion 2.2の日本語ローカライズソフトは、ニフティーのバイオフォーラムfbioからダウンロードできる。

文献管理ソフトを使う場合も、文献をテーマ別に分類する必要はない。すべてのフィールドで検索ができる。私はキーワード欄にテーマを表すキーワードを複数打ち込むことにしており、こうしておくとテーマ別に検索できる。また文献の並べ替えも自由である。

このソフトが本領を発揮するのは、論文末尾の参考文献表を自動作成するときなのだが、本書の範囲をやや越えるのでここでは解説しない。興味のある人は発売元のホームページを見ていただきたい。

私はこうして文献カードをパソコンで作るようになったが、カードをまったく使わなくなったわけではない。かつての図書目録カードにかわって、名刺大の薄いカードを使っている。これは保存用ではなく単なるメモ書き用である。文献を読んでいて参考にすべき別の文献情報があると、このカードに書き写す。自分用なので走り書きでもよく、ていねいに書く必要はない。ある程度貯まったところで、カードをポケットに入れて図書館に探しに行く。文献が見つかったらそのカードは捨ててしまう。

【ブックガイド】

「知的生産」ものは周期的にブームが来るようで、現在でも各種取り混ぜ出版されている。ここに紹介するのはそのごく一部である。知的生産ものをたくさん読んでも、自分で実行しない限り意味はない。

◆梅棹忠夫『知的生産の技術』(岩波新書)

何と言っても「知的生産もの」の嚆矢《こうし》である。本書で述べた情報カードシステムの本家である。ただしこの本が書かれたときにはまだ日本語ワープロはなかったので、その部分は時代を感じることは否めない。

◆中尾浩・伊藤直哉『Windows版人文系論文作法』(夏目書房)

パソコンを駆使した知的生産についての解説書で、テキスト処理などかなり高度な使い方についても触れている。

◆野口悠紀雄『「超」知的生産とパソコン』(アスキー出版)

ベストセラー『「超」整理法』(中公新書)で示された「分類しない」という原則をパソコンで実現する方法を解説している。この章の最後で触れたgrep機能の活用法がくわしく述べられている。

◆野口悠紀雄『「超」発想法』（講談社）

同じ著者による発想法を解説した本。発想法とはとりも直さず知的生産のことである。

◆川喜田二郎『発想法』（中公新書）

KJ法として知られる発想法を解説したもの。ただし、KJ法は本来ひとりでするものではなく、おおぜいの共同作業を念頭においたものである。

◆板倉聖宣・塚本浩司・宮地祐司『たのしい知の技術』（仮説社）

板倉氏は理科の「仮説実験授業」の提唱者として知られる。大部分が対談形式で、研究（＝勉強）の実際の進め方について、非常にわかりやすい解説になっている。

◆板坂元『考える技術・書く技術』（講談社現代新書）

一九七三年に出版されてから六一刷を重ねているベストセラーのひとつ。読書から文章指南まで一通りカバーしているのがその秘密か。

【サイトガイド】

◆野口悠紀雄Online　http://www.noguchi.co.jp/

野口氏の個人ホームページに発想支援ツールDenkenがある。Denkenとはドイツ語で

「発想・思考」のことである。

第九章　図書館活用術

†自分が求める本の種類を知る

あなたがこれから何か勉強しようと考えたとして、まっさきにすることは、本を読むことだろう。これはまず正しい態度である。しかし、どのような種類の本を読めばよいかを正しく把握している人は意外に少ない。自分が読むべき本の種類を知らないと、無駄に時間を費やすことにもなりかねない。

本を探すとなると、いきなり書店に駆け込む人が多いだろうが、これも正しい方法とは言えない。今の日本は毎月恐ろしいほどの点数の本が出版されているが、あまり売れないという出版不況の時代を迎えている。本が店頭に並べられている期間は、どんどん短くなっている。だから、書店に行って書棚を見ても、少し前に出版された本は見つからないことが多いのである。

立花隆氏は何か新しいことを知りたいときには、神田の書店街に行くと述べている。確かに神田の書店街は、新刊書店だけでなく古書店も多くあり、しかも専門化していて、世界にも珍しい本屋街になっている。神田を足で回れば、相当な本が手に入ることは事実である。しかし、誰でもがすぐに神田に直行できる地理的条件に恵まれているわけではない。

自分が必要とする本の種類に応じて、それを探す方法も変わってくるのである。ここではわかりやすく「本の種類」という言い方をしているが、より正確には「資料の種類」と呼ぶべきである。

(1) 入門書

まったく白紙の状態から新しい知識を得ようとするときには、いわゆる入門書を読むことになる。手軽なところでは、各出版社から出ている新書・叢書・講座ものなどが頭に浮かぶ。「〇〇入門」「〇〇への招待」「〇〇を学ぶ人のために」のようなタイトルを持つ本である。入門書を求めるときには、自分の町のいちばん大きな書店に行くのがよい。その理由はいくつかある。

第一の理由は、入門書は新しいものほどよいからである。入門書はその分野についての知識の概観を与えるものである。これだけ変化の激しい世の中になると、少し古い入門書は役に立たなくなってしまう。新しく出た入門書は、最新の知見を盛り込んである分だけ価値が高い。

第二の理由は、図書館はどちらかといえば、専門的な図書を買う傾向があり、あまり入門書のようなものを置かないからである。また網羅的に入門書を揃えるわけでもない。だから図書館に行っても、探すものが見つからない可能性が高い。

もちろんインターネット書店で買ってもいいのだが、中身をぱらぱらとでも見ないと、自分が探しているレベルの本かどうか判断しにくいのが難点である。

入門書は通勤電車の中などで読み捨てるものであり、あとで利用するものではない。このレベルの本は、著者が新しく発見した知見や独創的な見解が書いてあるものではなく、他のさまざまな本から得た情報を、著者の工夫で初心者にわかりやすく並べたものである。だから内容は原則として、専門家ならば誰でも知っていることに限られる。この意味で、入門書は「本から作られた本」である。こういうものを二次資料という。だから入門書から引用してはいけない。また研究計画書を書くとき、このレベルの書物を参考文献にあげてはいけない。

書店のガイドとしては、『東京ブックマップ――東京23区書店・図書館徹底ガイド』(書籍情報社)が便利である。二〇〇一年六月に待望の関西版が出版された。

（２）専門的な参考図書

入門書の次のレベルは、専門的な参考図書である。心理学なら心理学、経済学なら経済学全般にわたって入門的に解説したものではなく、もっと限られた狭い分野やテーマを扱った書物で、巻末の参考文献表に、本だけではなく論文がたくさんあがっているというレベルの本である。言語学ならば『言語と性』とか、英文学ならば『ワーズワースの想像力』、人類学なら『劇場社会の経済人類学』といったタイトルを持つ本である（ここにあげた書名はすべて架空のものなのであしからず）。

このレベルの本になると、町の大きな書店に行って見つかることもあれば、見つからないこともある。一応書店に行ってもよいが、それで済ませてしまってはいけない。このレベルの本を探すときには、あなたは自分が勉強したいテーマについて、入門レベルを越えてある程度の考えがまとまっているだろうから、もう少し専門的な探し方をしなくてはならない。

昔ならここですぐに図書館に行きなさいとアドバイスしたものだ。しかし、インターネット時代の現代に生きる私たちには、強力な武器ができた。図書館の電子目録ＯＰＡＣと、インターネット書店である。このうち図書館の電子目録については、のちほど図書館の使い方の項で解説する。

インターネット書店にはあらかじめ会員登録をしないと利用できない所もあるが、登録しなくても図書検索ができるサイトもある。インターネット書店で検索して出てくる本は、原則として注文すれば入手できる本である。在庫切れとか絶版となっている本は、注文しても入手できないので、図書館で探すか古書店を当たるしかない。

現在入手できる図書の総合目録は、出版社の団体である社団法人日本出版書籍協会のホームページ（http://www.jbpa.or.jp/）が検索システムを提供している。ただし検索のみで注文はできない。学術総合サイトのアリアドネ（http://ariadne.ne.jp/book.html）には、国内の代表的なインターネット書店がリストアップされているので利用しよう。

また古書店の総合サイトには、ブックタウン神田（http://www.kanda-town.or.jp/index.htm）があり、古書の検索ができる。

（3）政府刊行物

行政府の刊行物で、代表的なものは白書や官報である。政府刊行物センターに行くと誰でも買うことができる。都道府県別のセンターの所在地は http://www.gov-book.or.jp/ で検索する。また次の関連サイトも参考になる。

財務省刊行物案内　http://www.pb-mof.go.jp/
外務省官報　http://www.mofa.go.jp/mofaj/annai/pr/pub/
官報の総合サイト　http://www.kanpo.net/

また今では各種の白書や審議会の議事録なども、インターネットで公開されている。『教育白書』ならば文部科学省のサイト、『防衛白書』ならば防衛庁のサイトを見ればよい。省庁のホームページを探すには、検索エンジンのカテゴリー検索で、「行政府」や「政治」などの分類をたどっていく。

各種の統計・経済データなども、どんどんインターネットで公開されている。統計は総務省統計局が当然ながらいちばん充実している（http://www.stat.go.jp/）。地価や経済情報については次のサイトが有用だろう。

国土交通省　http://www.mlit.go.jp/
日本銀行　http://www.boj.or.jp/

これらは多くの場合、一次資料でデータとして活用できる。

（4）学術専門雑誌

入門書を読んでいる段階の人には実感できないかもしれないが、その分野の最先端の研究は、学術専門雑誌を舞台にして行なわれている。（2）にあげた専門書も、雑誌で展開された学問の成果を取り入れて書かれたものである。本を書いて出版するまでには時間がかかる。学問はその間にどんどん進歩する。だからもっとサイクルの短い学術専門雑誌が最先端の研究発表の場になるのである。

実を言えば、学術専門雑誌でもまだ発表までに時間がかかる。論文を投稿し、審査を経て出版されるまでにかなりの時間が経過する。というわけで、真に最先端の学問は、雑誌論文になる前の生原稿を、知り合い同士で交換して行なわれている。この原稿を、もう手では書かないが依然として manuscript という。参考文献に ms. と略してあるのがこれである。しかし、これはプロの研究者用なので、ここでは除外しておこう。

さて学術専門雑誌であるが、これは一般の書店ではもちろん手に入らないし、市立図書館などの公共図書館にもない。公共図書館で揃えるにはあまりに専門的すぎるのである。このレベルの文献は大学図書館にしかない。

あなたがもし大学の聴講生・科目等履修生になったり、社会人入学で正規の学生になっているのなら、大学図書館に探しに行けばよい。しかし、そのどれでもなく一般の社会人だと、大学図書館は敷居が高いと感じるのがふつうだろう。大学図書館は自分には利用できないと、頭から信じている人も多いかもしれない。実はそうではないのである。一般の人でも大学図書館は利用できる。そのやり方はのちほど解説する。

†レファレンス・サービスを活用する

ふつうの人にとって、いちばん身近な図書館は、住んでいる地区の県立・市立・区立図書館だろう。まとめて公共図書館と呼んでおく。これから勉強を始めようという人は、ぜひ公共図書館の活用法を知っておいてほしい。これを知るのと知らないのとでは、情報力に格段のちがいができる。

まず自分が常時利用する図書館を決めよう。いろいろなサービスを活用するには、ある程度の大きさの図書館であることが望ましい。市立または県立図書館なら理想的だろう。都道府県別の図書館の所在地については、検索エンジンYahoo Japanのカテゴリー検索に、図書館という項目があり、そこで調べることができる。また図書館の団体である日本図書館協会は日本全国の図書館のリンク集を用意している（http://www.jla.or.jp/link/）。最近は公共図書館の多くは、自前のホームページを持っており、これを見れば開館時間や休館日をはじめとして、各種サービスの内容を知ることができる。

さて、基本的な質問に立ち戻って恐縮だが、「図書館とは何をしに行くところか」と聞かれたら、あなたはどう答えるだろうか。「本を借りに行く所」または「本を閲覧しに行く所」と答えた人は失格である。この答えは図書館を十分に利用していないことを暴露している。図書館の最も重要な機能は「書誌情報を提供する」ことであり、本が見つかるのはその必然的な結果にすぎない。

あなたが特定の本を探しているとき、あなたはすでに書誌情報を持っている。しかし、あるテーマについて何か参考になる本がないかどうか探しているとき、あなたは書誌情報を必要としている。

利用者に書誌情報を提供する業務を、レファレンス・サービスという。どこの図書館でも、職員のいるカウンターでレファレンス・サービスを行なっている。遠慮せずに、職員の人に「自分は○○に関する本を探しているので教えてもらえないか」と頼んでみよう。ガーデニングの本が日本十進分類法では「産業」の棚に配架されていることなど、素人にはなかなかわからないものだ。

その図書館に参考になる本がありそうなときには、「どこどこの書架のあたりを探してください」とか、「蔵書目録の○○のあたりを探してください」という答えが返って来るだろう。職員が探すのを手伝ってくれることもある。

もしその図書館に適当な本がなさそうなときは、どこへ行けば見つかるかを教えてくれる。図書館の職員は、他の図書館の情報についても詳しいのである。彼らは本のプロである。例えばクラシック音楽についての文献ならば、東京文化会館の音楽資料室（http://cgi3.tky.3web.ne.jp/~musiclef/memo-ici/tobun.shtml）が充実しているなどと教えてくれる。文献資料があるのは公的な図書館とはかぎらない。東京都多摩地区の歴史なら、たましん地域文化財団の運営するたましん歴史資料室（http://www.gws.ne.jp/tama-city/art/tamas.html）が充実している。このように特定の地域に関する情報は、その地域の最寄りの図書館に行くと教えてもらえることが多いので覚えておこう。

†相互貸借制度を利用する

ひとつの図書館がすべての文献資料を所有しているということは、理論上ありえないことである。例外的なのは国立国会図書館（http://www.ndl.go.jp/）で、納本制度といって出版されたすべての本を納付しなくてはならないという法律（国立国会図書館法）があるために、この制度ができて以後のすべての本を所蔵していることになっている。「ことになっている」というのは、納本義務は守られないこともあるからである。

しかしふつうの図書館では限られた蔵書しかない。ではあなたが特定の本を探しているとして、自分が行く公共図書館になかったらどうするか。別の図書館に足を運ぶ必要はない。職員の人にその本がどこの図書館にあるかを調べてもらい、取り寄せてもらえるのである。これを図書館どうしの相互貸借制度という。

図書館は日常的にお互いに資料を貸し借りしている。こうすることで、自分の図書館の資料の不足を補うのである。逆に自分の所が保有している資料で、他の図書館の不足を補うことができる。

日本全国の図書館はお互いに緊密なネットワークを成している。だからあなたが足を運んだ自宅近くの公共図書館は、単にひとつの図書館というにとどまらず、全国の巨大な図書館ネットワークの入り口と考えたほうがよい。そこを起点として全国の図書館の蔵書を利用することができるのである。

相互貸借制度を利用すると、おもしろいことが起きる。港区の有栖川記念公園にある東京都中央図書館は、来館者への図書の貸し出しを一切していない。しかし、都内の区立図書館から相互貸借制度を利用して請求すると、中央図書館の蔵書を借りることができる。中央図書館はこのように文献資料提供専門の図書館なのである。同様に国会図書館も館内閲覧専門で、図書の貸し出しはしていないのだが、どういうわけか公共図書館を通して請求すれば借りられるのである。不思議というほかない。またすぐ後で述べるが、大学図書館からもこの制度によって借り出すことができる。

相互貸借制度による図書の取り寄せでは、利用者が郵便料金を負担する。また取り寄せた図書は館内閲覧に限られることも多いので注意しよう。

†OPACを利用する

昔は図書館の蔵書目録はカード式で、ずらりと並んだカードボックスで探すのがふつうだった。この方式だとその図書館に足を運んでみないと、本の所在を確認することができなかった。

しかし現在ではほとんどの図書館は電子化されて、蔵書目録はOPAC（オーパックと発音する。Online Public Access Catalog の略）になり、インターネット経由でどこからでも見ることができる。これを使えば自宅からでも、探している本がどこの図書館に所蔵されているかを知ることができる。全国の図書館のOPACの一覧表は、学術総合サイトのアリアドネ（http://ariadne.ne.jp/book.html）からたどることができるほか、日本図書館協会（http://www.jla.or.jp/link/）にもOPACをインターネット検索できる図書館のリストがある。インターネットに国境はない。世界中の図書館へのリンクは、筑波大学図書館が提供している（http://www.tulips.tsukuba.ac.jp/other/otherlibs.html）。

また文部科学省の国立情報学研究所（略称NACSIS）では、全国の大学図書館のOPACを横断的に検索できるシステムWebcat（http://webcat.nacsis.ac.jp/）を運営して

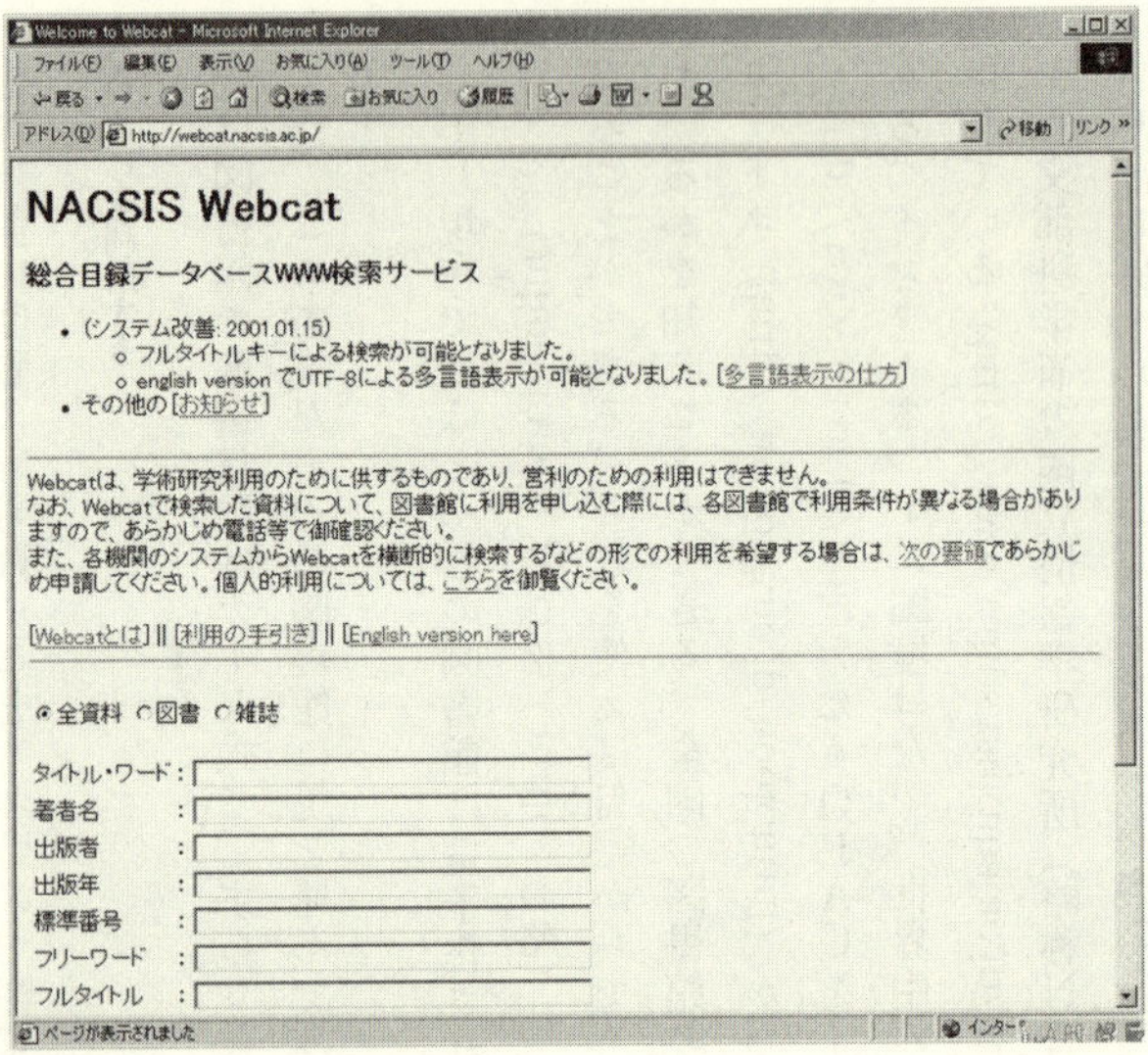

図6　国立情報学研究所の運営する文献検索システムWebcatの画面

いる。これを使えばひとつひとつの大学図書館のOPACを見て回る必要がなくなり、一度で検索ができる。

OPACは巨大な文献資源であり、自分が勉強するテーマについてどのような参考文献があるかを知りたいときに使うことができる。ただし、打ち込むキーワードが「心理」のように漠然としたものだと、膨大な数の文献が引っかかってどうしようもなくなるので、うまくしぼるようにしよう。

Webcatをはじめとして多くのOPACでは、書名検索欄に複数のキーワードを打ち込むことができる。例えば異常心理学の文献を知りたければ、「異常△心理」と打ち込む（△は空白を表す）。必ずしも書名に含まれる単語でなくてもよい。

逆に特定の文献を探しているとき、書名を全部打ち込んで「古代文字解読の物語」として検索するのはやめたほうがよい。このような検索方法を全文一致検索というが、これだと書名のうち一文字が違っていてもヒットしない。「古代△文字」だけで検索するほうが賢明な方法である。

†大学図書館を利用する

先にも少し話題にしたが、一般の社会人にとって、大学図書館は何となく敷居が高そうに見える場所である。しかし、多くの大学図書館が、一般の人が利用できるサービスを提供している。これは案外知られていないので、大いに活用しよう。ただし、大学図書館の一般への「開放度」はさまざまである。利用したい図書館にあらかじめ電話などして、利用できるサービスを確かめてから出かけよう。

最も利用しやすい方法は、先にも述べた相互貸借制度による図書の貸し出しである。自分が探している本が、どこの公共図書館にもなく、大学図書館にあることがわかったら、最寄りの公共図書館を通じて相互貸借を申し込む。よほど貴重な資料でない限り、貸し出しに応じてくれるはずである。

次に使えるのは、雑誌論文の文献複写である。先にも述べたように、学術専門雑誌は市町村の公共図書館にはほとんど置いていない。一般の人にとって、なかなか入手することのむずかしい文献である。学術専門雑誌は大学図書館に揃っている。しかし雑誌のような定期刊行物は、ふつう貸し出しをしない。見る人が多いからである。貸し出しを申し込むかわりに、探している雑誌論文のコピーを申し込む。これも公共図書館のカウンターで申し込むことができる。ただし、このとき雑誌論文の著者・掲載誌・刊行年・ページ数などがはっきりわかっていなくてはならない。コピー代と郵送費は自己負担になるが、たいした金額ではない。

ここまでは大学図書館に実際に行かずに利用する方法である。では一般の社会人が大学図書館に出向いて利用できるのだろうか。これは可能である。

都立大学や市立大学のような地方自治体の大学は、積極的に市民サービスを提供している。例えば東京都立大学図書館では、あなたが都内に住んでいるか、勤務する会社が都内にあれば、三カ月有効な都民閲覧証を発行してもらえる。これがあれば図書館に入館し、図書を閲覧することができる。

大阪市立大学では図書館とはいわず学術情報総合センターと称しているが、もちろん図書館もそのなかにある。ここでも二十歳以上で大阪市内に住んでいるか勤務する会社があれば、図書市民利用制度によって二年間有効な入館証がもらえる。ただし身分証明書の提示と登録料二〇〇〇円が必要である。

国立大学の図書館でもかんたんに利用できる所も多い。例えば千葉大学の図書館は、成人・学生であれば住所などの制限なく、誰でも身分証明書を提示するだけで入館許可をもらうことができる。これだと特定の本を探しているのでなくても、ぶらっと行って利用することができる。

他の大学のなかには探している本を特定しないと利用できない場合や、公共図書館からの紹介状を必要とする所などもある。また大学図書館では学外からの利用をそれほど積極的に宣伝しているわけではなく、ホームページなどを見てもサービスの内容や条件などを明記していないところがほとんどである。しかしよく聞いてみると学外者も使えるサービスが多いので、図書館に電話してたずねてみることをお奨めする。

†特色ある図書館を探す

公共図書館・大学図書館以外にも、役に立つ資料を所蔵している所はたくさんある。意外と忘れられているのが、美術館・博物館・科学館などの図書室・資料室である。美術の展覧会のカタログなどは、その展覧会の開催中は会場で売っているが、展覧会が終わるとどこへともなく消えてしまう。書店では売らないし、図書館などでも集めているところは少ない。あとになってカタログを探すのは意外とむずかしい。しかし美術館の図書室なら過去のカタログを保存している。

検索エンジンのヤフージャパン（http://www.yahoo.co.jp/）の「各種資料と情報源」の「図書館」の項をたどれば、美術図書館の項目があり、リンクが張られている。なかでは木場公園内にある東京都現代美術館の図書室（http://www.tef.or.jp/mot/book/index.html）は、現代美術の資料が多く、しかも入場は無料である。私が個人的に好きなのは、砧《きぬた》公園内にある世田谷美術館の図書室である。ここはプリミティヴ・アートに強い。訪れる人は少ないので、静かに時を過ごせる場所でもある。

公的な図書館でも、地域性や専門を生かして、他にないユニークな図書館となっているものが多い。たとえば富山医科薬科大学の民族薬物資料館（http://www.toyama-mpu.ac.jp/riw/mmmw/index-j.html）は、世界中の民間医療で使われる薬草の情報センターである。富山の薬売りの伝統だろう。こういった専門図書館は、専門図書館リンク集（http://www.ne.jp/asahi/coffee/house/ARG/library.html）で探すことができる。

企業が運営する企業博物館のなかにもユニークなものが多い。たとえば二〇〇〇年にオープンしたばかりの凸版印刷の印刷博物館（http://www.printing-museum.org/index.html）では、印刷の歴史をたどることができる。日本の企業博物館の一覧はhttp://village.infoweb.ne.jp/~fwgk6695/で見ることができる。

文化センターとしては、アメリカ文化センターや日仏会館・ゲーテインスティテュートなどが有名だが、大阪市東淀川区にあるアジア図書館・文化センター（http://www.asian-library-osaka.org/）では一六万冊にのぼるアジア関係の文献を所蔵している。

個人の運営する図書館には、さらにユニークなものがある。現代マンガ図書館（http://www.naiki-collection.com/）は文字通りマンガの宝庫。ミステリー文学資料館（東京都豊島区池袋三—一—二）は、ふつうの図書館や文学館では所蔵していない推理小説の資料館である。衛生陶器メーカーのTOTOが運営していたライブラリー・アクア（東京都港区南青山一—二四—三）は、珍しい水に関する図書館で、トイレに関する本を四〇〇〇冊も所蔵していたのだが、二〇〇一年七月末に惜しまれつつ閉館してしまった。

こまめに探せばこのような情報源は見つかるものである。

【ブックガイド】

文献の探し方と図書館の利用法を解説したものを中心に紹介する。ここにあげたもの以外に、各図書館では「利用の手引き」や「本の探し方」といった冊子を刊行している。職員の方々の手作りの味わい深いものもあり、カウンターでもらえることが多いのでたずねてみよう。

◆池田祥子『文科系学生のための文献調査ガイド』(青弓社)
その名のとおり探す文献にたどり着くまでをわかりやすく解説している。人物情報や企業・団体情報の探し方までカバーしていて広範囲に使える一冊。

◆斉藤孝・佐野眞・甲斐静子『文献を探すための本』(日本エディタースクール出版部)
主に大学生を読者として、論文を書くための文献の探し方を解説している。

◆『東京ブックマップ』(書籍情報社)
隔年で刊行される東京二十三区の書店と図書館のガイドブック。公共図書館だけでなく、私立図書館や資料室も網羅されている。

◆『関西ブックマップ』(創元社)
大阪・京都・神戸・奈良・滋賀・和歌山の書店・図書館のガイドブック。専門図書館がジャンル別に紹介されている。

◆藤田節子『自分でできる情報検索』(ちくま新書)

探している情報にたどりつくやり方をわかりやすく解説している。図書館の使い方や、データベースの使い方までカバーしている。

◆『専門情報機関総覧』(専門図書館協議会)

特定の分野についての資料を収集している専門情報機関のデータブック。自分で買うものではなく、図書館のレファレンス・コーナーに置いてあるので見てみよう。

【サイトガイド】

◆美術ナビ　http://www.nsg.co.jp/spm/museum/index.html

日本板硝子が提供する全国八五〇の博物館・美術館ガイド。都道府県別に調べることができる。

◆専門図書館リンク集　http://www.ne.jp/asahi/coffee/house/ARG/library.html

専門分野別に図書館が分類されていて便利である。

第十章　文章を書く

†アカデミック・ライティングとは何か

勉強する過程では、自分で文章を書かなくてはならないことが多い。ときには文章は、勉強の成果の発表そのものであることもある。しかし「書く」「話す」というのは、苦手とする人が多いようだ。その証拠に「話す」については、結婚式でのスピーチの仕方とか、説得する話術のような実用書がたくさんある。また「書く」についても、文章読本に始まって作文技術に関する本はいろいろ出版されている。これだけ本が出ているということは、苦手とする人が多いということなのだろう。

アメリカでは大学で勉強するあいだに書く文章のことを「アカデミック・ライティング」academic writing という。研究計画書、授業のレポート、卒業論文、修士論文、博士論文、学術雑誌の投稿原稿、研究費を申請するための書類、これらはみなアカデミック・ライティングである。アメリカの大学ではアカデミック・ライティングを教えるクラスがあり、大学によっては専門のセンターがあって、学生の個別相談に応じたり指導したりしている。

これにたいして、日本の大学ではアカデミック・ライティングはふつう「論文・レポートの書き方」というやや狭い捉えられ方をしているが、問題はとりたててアカデミック・ライティングを教えてこなかったということである。私自身もまったく習った記憶がない。しかし、これは大学だけに限ったことではない。小学校・中学・高校でも、文章の書き方をひとつの技術として体系的に習ったという記憶がない。小学校では作文があったが、そのとき重視されたのは「感じたことをそのまま素直に書く」という情緒的な側面であり、いかに人にわかるように論理的に書くかということではなかった。これは大きな問題である。アメリカの大学でアカデミック・ライティングについて、右に述べたようなサポート体制が完備しているということは、裏を返せば誰にでもできることではないと認識されていることを意味する。それなりの訓練がないと、アカデミック・ライティングはできないのである。またフランスでも作文の授業は重視されており、与えられたテーマについて何時間もかけて作文するディッセルタションは、試験の最も重要な科目となっている。

日本でもアカデミック・ライティングを教える必要性はしだいに認識されるようになり、

大学一年生を対象にして教える所が増えてきた。しかし、その取り組みはまだまだ手探りの状態である。

この章では、大学などで勉強する場合の文章の書き方を扱うが、研究論文の書き方は独自のルールがありやや専門的になりすぎるので、もう少し一般的なレポートや研究計画書の書き方の例を中心に解説する。とはいえ書き方の本質はどれも同じである。

†どんな文章を書かなくてはならないか

アカデミック・ライティングでは、どんな文章を書くように心がければいいのだろうか。満たすべき条件がいくつかある。

(1) 人のために書く

文章には、「自分のために書く」ものと「人のために書く」ものがある。自分のために書く文章の典型は日記である。人に読ませるのではないから、自分だけにわかる記号を使ってもいいし、心に浮かんだことを脈絡なく書いてもかまわない。

アカデミック・ライティングはこれではいけない。アカデミック・ライティングは人に読んでもらうための文章である。誰が読んでも、最初から順番に読めば、何を述べようとしているかが無理なく理解できなくてはならない。

（2）論理構成がある

アカデミック・ライティングは、論理構成の明快な文章でなくてはならない。論旨があちこちに飛んだり、個人的な感想が突然顔を出したりしてはいけない。どんなに短い文章でも、導入部があり、展開部があり、最後に結論があるという構成を持つのが基本である。

（3）説得的である

アカデミック・ライティングは読む人を説得する文章である。レポートならば、読んで採点する先生が、なるほどと納得する内容でなくてはならない。研究計画書ならば、受け取った人があなたの熱意だけでなく、研究内容の重要性と限られた年限での実行可能性を認めるように書かれていることが必要である。「私はこう思う」といくら書いても説得的にはならない。読む人を説得するには、あなたの主張を支える論拠がなくてはならない。論拠になるのは、現象の観察から得られた事実である。

（4）文献を参考にする

一人で頭のなかからひねり出した文章は、詩か小説か感想文である。白紙の状態から書き出すアカデミック・ライティングはありえない。どんなテーマについても、参考にすべき文献がある。必要な文献に目を通さずに書いたら、それはただの作文である。もちろん短いレポートと長い卒業論文などでは、参考にすべき文献の数はちがう。それは要求される考察の深さと広さがちがうからである。しかし、どんなに短いレポートでも、最後に参考にした文献をあげなければならない。

(5) 書式を守る

アカデミック・ライティングにはその性格に応じて、決められた書式がある。レポートならば、一ページ目は表紙で、レポートのテーマ、書いた人の氏名・所属などの個人情報、提出年月日を書かなくてはならない。注と参考文献は最後につける。

卒業論文のようにもう少し長いものだと、表紙の次には目次がなくてはならない。たいていは次に内容の要旨(アブストラクトという)を書く。

雑誌論文の場合は、投稿規定が決まっていることが多いので、その形式に準拠することは言うまでもない。また研究計画書は、だいたい書式が決まっているので、その範囲内に収まるように書く。余分な用紙を継ぎ足したりしてはいけない。

†テーマをしぼる

ここではレポートや研究計画書を念頭に置いて、アカデミック・ライティングの書き方を考えている。レポートの場合は、だいたいテーマがあらかじめ与えられているものである。しかし、研究計画書を書く場合には、自分でこれから研究するテーマを考えなくてはならない。また、テーマが与えられているレポートでも、テーマが大きいときには、そのテーマのどの側面を取り上げ、どのような角度から考察するかという戦略を立てなくてはならない。例えば「教育における親の役割について述べよ」というテーマでレポートを書くとすると、焦点を当てるポイントをしぼらなくてはとても書けないだろう。

論文・レポートの書き方のたぐいの参考書は、一様にその冒頭でテーマをしぼる必要性を強調している。今、私の手元にフランスで出版された政治学者ミッシェル・ボーのL'Art de la thèse(『論文の技法』)という本があるのだが、この本でも論文を書くときには「世界新秩序」「南北対話」「民主主義の危機」「現代の労働組合運動」のように、大きなテーマを選ぶことを厳にいましめている。これは短いレポートの場合でも同じことである。

もしあなたの先生が「教育における親の役割について述べよ」というテーマでレポート

を書くように指示したら、ふたつの可能性が考えられる。ひとつはその先生が適切なレポートのテーマを与える能力がないという可能性である。このテーマはしっかりした内容のレポートを書くには、あまりに漠然としすぎている。もうひとつの可能性は、先生はわざとこのように漠然としたテーマを与えて、あなたがそのなかから問題を発見していく能力を見ようとしているというものである。

テーマをしぼるためにしなくてはならないことは、「テーマに問いかける」ことである。「教育における親の役割について述べよ」というテーマなら、ここで「教育」といっているのは、家庭教育なのか学校教育なのか、もし学校教育ならば小学校の初等教育なのか、それとも中学・高校の中等教育なのかと問いかけるのである（高等教育における親の役割という問題設定はちょっと考えにくい）。就学前の段階ならば、教育はもっぱら親によって行なわれるだろう。就学以後なら家庭教育と学校教育は並行して行われるだろう。その場合は両者の関係が問題になる。どの点に焦点を当てるかで、レポートの内容はちがってくる。

またあなたがどこかで、フランスでは親が子供を小学校に送り届けたあとは、学校は門を固く閉ざして親は中に入れない、と聞いたことがあるとする。日本とはずいぶん事情がちがう。すると日本とフランスでの学校教育における親の役割の比較という側面が浮上する。これも新しい切り口である。「テーマに問いかける」ということは、あなたが取り上げる自分の問題を発見するということなのである。これはレポートを書くときにも必要な手順である。

†アイデア・プロセッシング

レポートのテーマをしぼるときでも、研究計画書を書くときでも、腕組みして考えていては前に進まない。考えがうまく方向づけられるような工夫が必要である。それをここではアイデア・プロセッシングと呼んでおく。

アイデア・プロセッシングの基本は、頭のなかで行なわれることをできるだけ目に見える形で実行することである。こうすることによって、より自覚的に作業を進めることができるし、その結果を保存することが可能になる。

前に紹介した情報カードを使ってもよいが、別にどんなメモ用紙でもかまわない。まずテーマに含まれたキーワードを一枚の紙にひとつ書いていく。テーマが「教育における親の役割について述べよ」ならば、「教育」「親」「役割」が最初のキーワードである。次にキーワードをさらに細かく分割して、それをまた別のカードに書いていく。「教育」はそのサブカテゴリーとして、「家庭教育」「学校教育」に分かれる。「学校教育」はさらに、「初等教育」「中等教育」とに分かれる。このとき、「教育」は親カードで、「学校教育」は子カード、「初等教育」「中等教育」は孫カードになる。これらを親子関係に基づいて机の上に並べていくのである。

時にはテーマにははっきりと述べられていない隠されたキーワードがあることもある。この場合は、場所という要因を考えると、「日本」「外国」という区別が浮かぶ。ただし、これは今までにあげたキーワードと直接の親子関係になるものではなく、今までの親子関係を垂直軸とするならば、それを横切る水平軸となるので、別の場所に配置しなくてはならない。

また親の役割を問題にするのなら、相手の子供も当然問題になる。子供には、例えば「障害児」と「健常児」がいて、それぞれ教育の方法も目標もちがう場合だってある。これもまた別の軸を構成する。

これらをすべて一項目一枚のメモ用紙に書く。するとキーワードは全体として、机の上に並べたトランプのように、相互に関係づけられたネットワークを成すはずである。このネットワークをもとにして、自分が焦点を当てるポイントをしぼっていく。

これは川喜田二郎『発想法』(中公新書)のKJ法のやり方と基本的には同じことである。KJ法は複数の人間が情報を共有し、そのなかから発想するという一種のブレーン・ストーミングの方法として構想されているが、レポートや研究計画書を書くときには、いわば一人でブレーン・ストーミングをやるような工程がどこかで必要になる。

さて、逆説的に聞こえるかもしれないが、右に説明したやり方ではまだアイデアは生まれない。アイデア・プロセッシングの名に値する段階には、まだ達していない。「教育」を「家庭教育」と「学校教育」に分け、「学校教育」を「初等教育」と「中等教育」に分けていくキーワードの書き出しは、別にあなたのアイデアというわけではない。それはすでに出来上がっている概念の区別をなぞっているにすぎないからである。このような概念のネットワークを「シソーラス」thesaurus という。英語では有名な Roger のシソーラスがあるが、残念ながら日本語についてはこの種のシソーラスがまだない。

ここからあなたの発想を生み出すには、ネットワークを成すキーワードのあいだに、関係づけを行なわなくてはならない。例えば、「初等教育」と「障害児」を線で結び、それに「日本」「外国」という軸を掛け合わせる。「外国」ではまだ広すぎるので、「フランス」と限定しよう。するとここから「日本とフランスでは、小学校の障害児教育における親の役割りにちがいは見られるだろうか」という問題を設定することができる。

問題が設定できれば、文献の探索である。このテーマに関する文献が見つかれば、あなたはそれを参考にしてレポートを書くことができる。ずばりこのテーマでなくても、関連する文献から断片的な情報を収集することでも、レポートは書けるだろう。もしめぼしい文献が見つからなければ、それはこのテーマでまとまった研究はされたことがないということである。ならばこれは有望な研究テーマになるだろう。研究計画書に書くテーマの候補になる。

†アウトライン・プロセッサを使う

前の節ではメモ用紙やカードにキーワードを書いて、テーマをしぼっていく方法を紹介した。かんたんなテーマであれば、メモ用紙もそれほど多くはならないので、この方法でも十分対処できる。しかし、テーマが大きくなると、それに比例してメモ用紙の数も増えていき、机の上が一杯になって処理できなくなってしまう。おまけにこの方法では、作業を途中で中断することがむずかしい。関連づけたメモ用紙の配置を保ったまま保存できないからである。メモ用紙を集めて束ねてしまうと、それまでに作り上げた関連づけがなくなってしまう。

パソコンでアウトライン・プロセッサと呼ばれるソフトを使うと、同じ作業を場所をまったくとらずに行なうことができる。アウトライン・プロセッサは、アイデア・プロセッサと呼ばれることもあり、その機能は前の節のアイデア・プロセッシングと、次に述べる論理構造の作成の両方にまたがっている。

アウトライン・プロセッサはあまり使っている人のいないソフトである。その理由のひとつは、このソフトの目的について誤解が多いからではないだろうか。アウトラインというのは、文章の概要・大筋のことである。このためアウトライン・プロセッサは、章立てなどの文章の構成を組み立てるソフトだと思われている。ふつうの人はあまり全体の構成を立ててから文章を書き始めるという習慣がない。このためにアウトライン・プロセッサは敬遠されているのだと思う。

しかし、アウトライン・プロセッサには構成を考える以前に、いろいろなキーワードを書き出して、相互関連をつけるというアイデア・プロセッシングの機能がある。私自身はどちらかというと、この機能をよく使っている。漠然とした考えの海のなかに、筋道を見つけていくのに非常に役に立つ。

おまけに現在では、代表的なワープロソフトにアウトライン機能が備わっている。だから特別なソフトを別に買う必要はない。ウィンドウズの代表的なワープロソフトであるMS-Wordでは、メニューバーの「表示」から「アウトライン」を選択するだけで、アウトラインモードに切り替わる。またマッキントッシュに付属でついてくる統合ソフトのApple Worksも、アウトライン・プロセッサとして使うことができる。ウィンドウズの代表的エディタのWzエディタにもアウトライン機能がある。みんな知らずに持っているのに使われていないという不幸なソフトである。ぜひ活用しよう。使い慣れればこれほど便利なソフトはない。

かりに「第二言語習得における母語の干渉」というテーマで文章を書くとする。まずアウトライン・プロセッサを立ち上げて、思いついたキーワードを順番や重要性を考えずに、とにかく次々と打ち込んでいく。思いついたものからでたらめに書き出すという点が大事なのである。ここにアイデア・プロセッシング的要素がある。MS-Word のアウトラインモードでは、キーワードをひとつ打ち込んだら、Enter キーを押す。改行されてキーワードが縦に並ぶ（図7のⒶ）。

アウトライン・プロセッサの働きはこれからである。その作業の基本は、キーワードとなる項目の並べ替えと、親子関係の設定にある。

「学習者の年齢」と「学習する場所：自国か外国か」は、学習の外的条件なので、新たに親項目を立ててその子項目とする。最初の「学習者の年齢」の頭にカーソルをおき、Enter キーを押すと空白行ができるので、「学習の外的条件」と打ち込む。次に「学習する場所：自国か外国か」を移動する。行頭の見出し記号をクリックすると、表示が反転しカーソルが＋（プラス）に変わる。マウスの左ボタンを押したままドラッグして移動する（図7のⒷ）。

次に階層つまり親子関係を変更する。「学習者の年齢」と「学習する場所：自国か外国か」をまとめて反転選択し、ツールバーにある右向き矢印をクリックすると、階層が一段階低くなる（図7の©）。

これと同時に「学習の外的条件」の見出しの記号が「－」から「＋」に変化していることにも注意しよう。「＋」記号は、子見出しを抱えているということを示す。「学習の外的条件」を選択して、ツールバーにある「－」記号をクリックすると、子見出しを表示から消すことができる。これを見出しの折り畳みという。折り畳みをうまく使えば、長いアウ

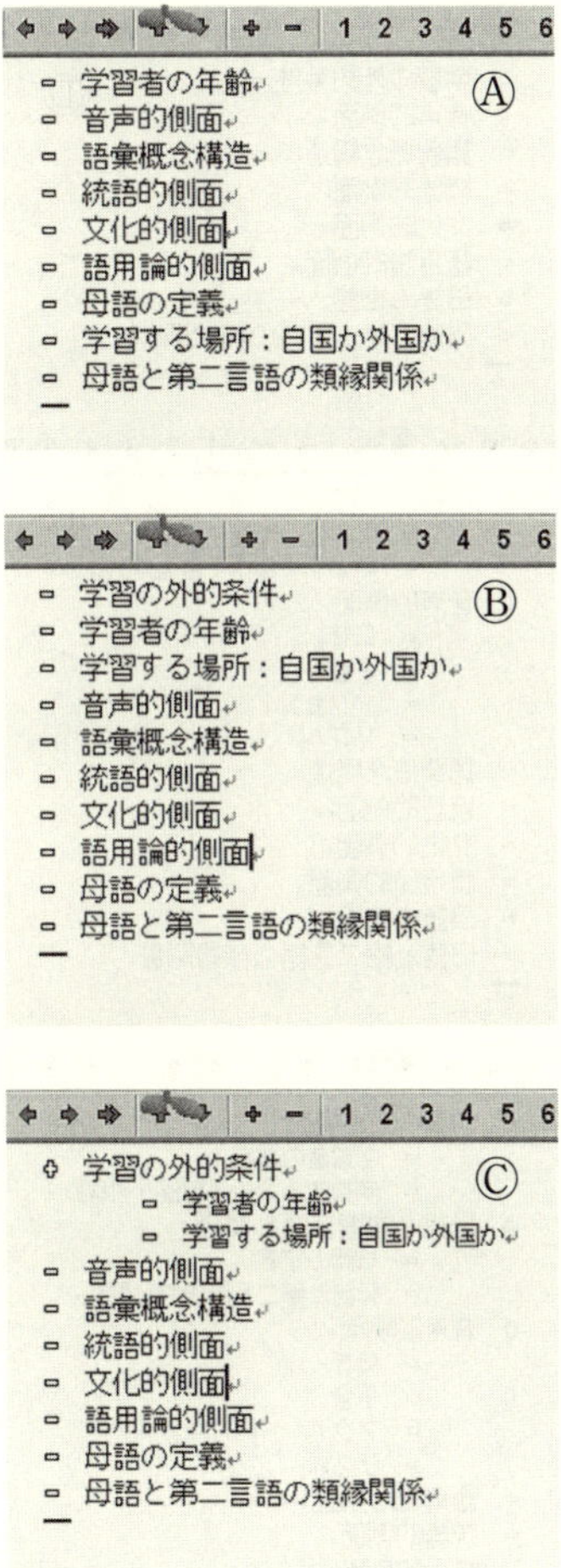

図7　アウトライン・プロセッサによるキーワードの並べ替え作業

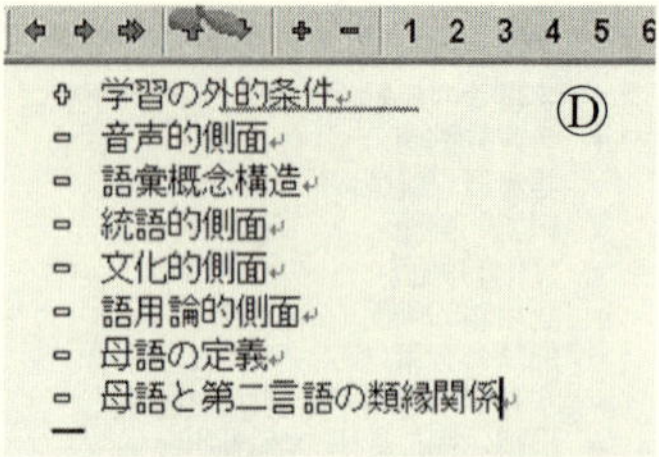

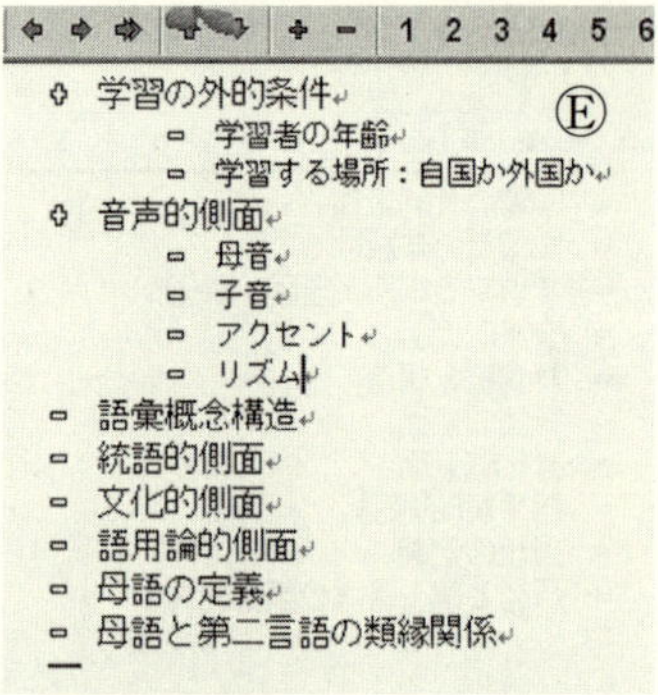

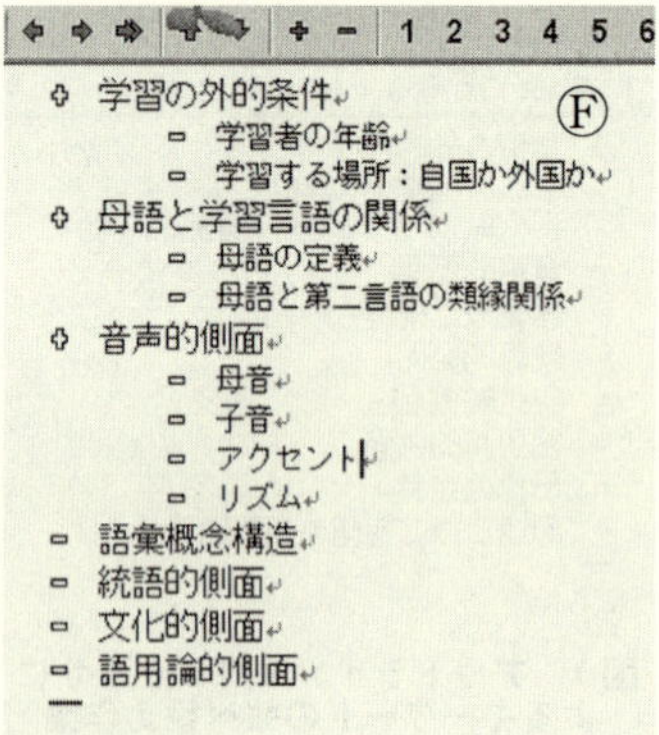

トラインでも重要な見出しだけを俯瞰することができ、考えをまとめるのに役立つ（Ⓓ）。次に「音声的側面」に、子となる項目を追加する。さらに孫になる項目を追加することもできる（Ⓔ）。最後のふたつの項目も前に出して、まとめる。これで一応アウトラインの前半ができあがる（Ⓕ）。

このような作業を繰り返せば、複雑に関係するキーワードのあいだに明示的関係をつけていくことができる。すぐにわかるように、これはキーワードをメモ用紙に書いて、机の上で並べ替える作業を、パソコン上で実現しているのである。これだと場所をとらないうえに、作業を中断しても途中の状態を保存することができる。

†構成を考える

何度も述べたように、アカデミック・ライティングは詩や小説のような創作でも感想文でもない。事実に基づいて読む人を説得するための論理的文章である。だからしっかりした構成を持たなくてはならない。アカデミック・ライティングの構成のことをしばしば論理構造と呼ぶ。

最低限の論理構造は、「導入部」「本論」「結論」の三つである。結論のあとには、必要に応じて注と参考文献がくる。

(イ) 導入部

導入部では次のようなことを書く。

i テーマの設定

ii テーマ設定の背景

iii テーマをしぼる

iv 調査方法・依拠する理論などの提示

紙面の関係からうんと短くした例をあげてみよう。

【テーマの設定】

このレポートでは、「第二言語習得における母語の干渉」について論じる。

【テーマ設定の背景】

日本では英語学習が一種の流行になっており、文部科学省も小学校からの早期英語教育に実験的に取り組み始めた。外国語の学習と教授においては、その基礎となる学習理論が必要だが、第二言語習得における母語の干渉については、まだまだ解明されていない点が多い。しかし効率的な学習を進めるには、母語の干渉を考慮することが必要である。

【テーマをしぼる】

第二言語習得にはさまざまなケースがあるが、ここでは日本語を母語とする中学生が英語を学習する場合を取り上げて論じることにする。

【調査方法などの提示】

主として Boweman（一九九六）に依拠し、英語の in, out, up のような空間関係を表現する言語要素を習得する場合に、典型的に見られる誤りを分析し、〇〇中学校の協力を得て、二年生の一クラス四〇人を被験者として行なった実験の結果を考察する。

（ロ）本論

設定したテーマを論じる本体部分である。本体部分は次のような構成を持つのが一般的である。

i　先行研究を紹介し批判的に検討する。
ii　自分の問題を先行研究に対して位置づけ提示する。
iii　文献などから得た事実や調査結果を提示し論じる。
iv　得られた結果が持つ意味を考察する。

（ハ）結論

本論で得られた結果を簡潔にまとめ、その限界と今後の発展の可能性を述べる。

†レポートの実例

今までを理論編とすると、この節は実践編である。実際に学生が書いたレポートを例にして、文章の書き方のよい例と悪い例を見てみよう。紙面の都合で、書き出しの部分だけを取り上げる。このときのレポートの課題は次のようなものである。

人間の言語と並んで、イルカやミツバチの「言語」が話題になることがある。人間の言語と、動物の「言語」は連続的なものであり、その差は複雑さの程度にすぎないとする見解と、その差は質的なものであり、両者は断絶しているとする見解がある。どちらの見解が妥当なものかを論じなさい。

【悪い例1】

例えば、道ばたでじゃれあっている野良ネコたちは、ネコ同士でいろいろなことを伝え合っているように見えます。一度仲間に入ってネコの本音を聞いてみたいものです。動物と話をしたいという願いは、人間にとって昔からの願いと言え、動物と話をするにはどうすればいいだろう？　動物同士のコミュニケーションの方法を調べ上げ、それを人間がマスターすればいいかもしれません。では動物たちは一体どんなふうにコミュニケーションを行なっているのだろうか。

よくない点

①アカデミック・ライティングは、「です・ます」調ではなく、「だ・である」調で書く。また両方を混ぜて使ってはいけない。

②「一度仲間に入ってネコの本音を聞いてみたいものです」のような、個人的感想を書いてはいけない。アカデミック・ライティングはエッセーではない。

③序論ではテーマをしぼって設定しなくてはならないが、それができていない。無用な導入部である。

④「…かもしれません」のような曖昧な表現は使ってはならない。

【悪い例2】

私は、人間の言語と、動物の言語は質的に異なっており、両者は連続的ではなく、断絶していると考える。以下にその理由を論じたいと思う。

哺乳類の中でも人間にもっとも近いサル、その中でもニホンザルについての研究では、数十種の違った発声があることが確かめられている。

よくない点

①アカデミック・ライティングでは、「私は」や「…と思う」は禁句である。これは個人的感慨を述べる感想文で使う言葉である。アカデミック・ライティングでは、客観的証拠に基づいて事実を述べるので、「私」も「思う」も入る余地はない。
②導入部の冒頭でいきなり結論を述べてはいけない。導入部は問題設定を行なう場所である。
③短い導入部からすぐに本論に入っている。これでは本論がこれからどのように展開していくのか、読む人にはまったくわからない。
④ニホンザルについての情報をどこから得たのか、出典が明示されていない。

【悪い例3】

人間の言語とはどんなものであるのか、動物の言語とはどんなものなのか、両者のあいだに何らかの差があることは間違いない。では果たしてその違いがどんなものであるのかを考えていこう。

まずは動物の言語の例をいくつか見てみることにする。ローウェル、マーラーらによると、アカゲザルは九種類の鳴き声を使い分け、それぞれは仲間同士のコミュニケーションのための機能を有している。

よくない点

①導入部の展開が不十分である。最初の文の主語と述語が首尾一貫していない。

②「ローウェル、マーラーらによると」とあるが、出典が示されていない。参考文献にも該当する文献はあげられていない。これは典型的な「孫引き」の例である。「孫引き」とは自分が読んだ文献に書いてあった他の文献に関する情報を、そのまま引き写すことをいう。孫引きはしてはいけないことである。可能なかぎり、もとの文献を見て書かなくてはならない。それができなくて、どうしても孫引きになるときは、そのことを明示する。

【よい例1】

1　はじめに

人間の言語と動物の「言語」を比較するとき、まず言語とは何かという定義が必要になる。広辞苑には「言語とは音声または文字を手段として、人の思想・感情・意志を表現・伝達し、また理解する行為。またその記号体系」とある。では日本語・英語・フランス語だけが言語なのだろうか。ジェスチャーは言語ではないのだろうか。「動物のことば入門」(ウルリッヒ・クレバー著、どうぶつ社)には、「動物たちは、合図やしぐさ、叫び声、そのほかさまざまな方法で、おたがいに理解しあっています。すなわちそれが、動物にとっての「ことば」なのです」（一五ページ）とあるが、これとは逆に言語は人間に固有なものだとする見解もあり、おたがいに対立しているのである。

よい点

①紙面の関係で以下を省略したが、このレポートには論理構造がある。「はじめに」で始まり、以下「鳥類のコミュニケーション」……と続く構成になっている。
②導入部で「言語とは何か」という、テーマへの問いかけをしている。テーマに隠された問題をあぶりだすには必要な工程である。「ジェスチャーは言語ではないのか」というのも妥当な問いである。
③引用をするときに孫引きをせず、文献名とページ数を明示している。

こまかい点だが書き方の注意としては、次のルールを守ろう。

・段落の初めは一字下げて書き始める。
・文献名は「　」ではなく、『　』でくくる。

【よい例2】

1　はじめに

課題のテーマを考察するために、人間の言語の特徴、およびコミュニケーションの分類というふたつの観点から、動物の「言語」すなわち同一種内の動物のコミュニケーション手段と、人間の言語とを比較する。動物の「言語」としては、昆虫のなかで最も進んだ集団生活をするミツバチの例と、類人猿にことばを教えた事例を取り上げる。

2　人間の言語の特徴

2-1　ホケットの七つの特徴

ホケットは言語学の立場から、人間の言語と動物のコミュニケーション手段の比較を試みた。『現代言語学講義』（一九五八）には、人間の言語の特徴として、次の七つがあげられている。

1　二重性 duality
2　生産性 productivity
3　恣意性 arbitrariness
4　相互交代性 interchangeability

（以下省略）

よい点

①このレポートも論理構造がしっかりできている。1、2、3、のような大きな見出しのなかに、2-1、2-2のように小さな見出しを立てていて、読みやすい。

②導入部で自分が問題にする観点と、取り上げる事例をはっきり述べ、短いながら適切な導入部となっている。

③やや古いが自分で図書館で文献を探して、内容に目を通している。こういうレポートを「汗を流したレポート」という。参照している箇所も適切である。拾い読みのできる人であることがわかる。

†研究計画書

レポートはあるテーマについて調べたことを報告するものだが、研究計画書はこれから行なう研究の概要を説明する文章だという点が、根本的にちがう。レポートは過去に自分が行なった作業について語り、研究計画書は未来の研究について語る。ベクトルが逆向きなのである。

研究計画書は、単に「私はこうしたい」という将来の希望を述べるものではない。それでは小学生の作文と変わらない。研究計画書には、少なくとも次の内容が盛り込まれていなくてはならない。

（1）研究テーマ

自分が何を研究テーマとするかを、できるだけ具体的に書く。研究テーマは多少長くなってもかまわないが、体言止めが原則である。末尾は「～の研究」としてもよい。あまり長くなるようなら、副題をつける。

【例1】日米における自己評価のちがいに関する文化心理学的研究
【例2】電子メールによるコミュニケーションにおける日本語の特徴

（2）研究の概要

研究テーマの内容を具体的に詳しく説明する。過去にそのテーマについて行なわれた研究を踏まえて、自分が何を明らかにしたいかの見通しを述べる。研究テーマが新聞の見出しに当たるとすれば、研究の概要はその見出しについての記事本文に相当すると考えればよい。

（3）研究の背景と目的

なぜそのテーマを研究するかについて、そのテーマを選んだ背景・動機と、研究の目的を書く。社会人の場合、自分の仕事の経験からテーマを選ぶことが多いと思うが、そのことにも適切な範囲で触れる。ただし、あまり個人的な体験を長々と書くのは禁物である。

（4）研究計画

これが研究計画書の中心的部分である。「日米における自己評価の文化心理学的差異」というテーマならば、どのように作業を進めるかをできるだけ具体的に書く。例えば日本人とアメリカ人にアンケート調査をして統計処理をするとか、アメリカに渡って仕事をしている人たちに聞き取り調査をするとか、研究方法を説明する。

これでわかるように、研究計画書を書くときも、ただ漠然と「○○について研究したい」と考えているだけでは不十分で、そのテーマについてある程度勉強しなくてはならない。テーマに関係する本や論文などの文献を読んで、今までにどのような研究があるかを知る必要がある。そのうえで、そのテーマの自分なりの切り口を見つけ、それを前面に出すように計画書を書く。その過程で参考にした文献は、計画書の最後にあげるのがふつうである。

【ブックガイド】

論文・レポートの書き方についての本は、今までにずいぶんたくさん出版されている。とても全部は紹介しきれないので、入手しやすいものに限定してあげておく。

◆小林康夫・船曳建夫編『知の技法』（東京大学出版会）

東京大学教養学部の「基礎演習」テキストとして編まれた「知」もののベストセラーである。第Ⅲ部「表現の技術」に、論文の書き方・発表の仕方が解説してある。

◆古郡廷治『論文・レポートのまとめ方』（ちくま新書）

テーマの見つけ方から、論文の構成・文章指南まで、スタンダードな読本でわかりやすい。

◆木村　泉『ワープロ作文技術』（岩波新書）

書名に「ワープロ」とあるが、ワープロの使い方の本ではなく（それは同じ著者の『ワープロ徹底入門』岩波新書）、文章の書き方の本である。特にアイデアのたぐり寄せ方に著者の面目が現れているようだ。

◆木下是雄『理科系の作文技術』(中公新書)
文章の書き方の解説書としては出色の一冊。「理科系」とあるが、わかりやすい文章の書き方としてすべての人に参考になる。
◆安藤喜久雄『わかりやすい論文・レポートの書き方』(実業之日本社)
具体例が多く非常に実践的な解説書で、大学生を対象にしていると思われる。
◆妹尾堅一郎『研究計画書の考え方――大学院を目指す人のために』(ダイヤモンド社)
ずばり大学院に入学するときに提出する研究計画書の書き方を指南したもの。類書のなかではずば抜けて実例が豊富なので、見本集としても十分使える。
◆工藤美知尋『大学院研究計画書合格実例集』(ダイヤモンド社)
法学・政治学・商学・経営学・経済学・国際関係学・教育学・文学の分野についての、大学院を受験するときの研究計画書の見本集である。

【サイトガイド】
◆論文の書き方リンク集(一橋大学・松井剛氏作成)
http://tmatsui.virtualave.net/links/method.html
論文・レポートの書き方を解説したインターネット・サイトを集めてある。

◆日本語作文技法（慶応大学・君島浩氏作成）

http://www2.tokai.or.jp/kimijima/body/jpwriting.htm

君島先生が慶応湘南藤沢キャンパスで講義しているアカデミック・ライティング講座の内容。これをもとに『日本語作文技法』（日科技連出版社、二〇〇〇年）という本も出版されている。

◆論文の書き方（兵庫教育大学・成田滋氏作成）

http://www.ceser.hyogo-u.ac.jp/naritas/writepaper/paper.html

タイトルの付け方から、英文抄録の書き方まで、ていねいに解説されている。

あとがき

この本の原稿を書いていて、そろそろ終わりが見えかけた平成十三年の秋口に、雑誌『東京人』一七一号が「大学が変わる——新教養主義の時代、大学は何ができるか」という特集を組んだ。立花隆氏が教養再構築のために旧制高校復活を唱え、京都造形芸術大学学長の芳賀徹氏と、東京外国語大学元学長の中島嶺雄氏が、大学の旧態依然とした幕藩体制の打破を論じるという内容のものである。一般読者向けの雑誌がこのような特集を組むということ自体が、現代において「知」の世界が大きな変化に見舞われている証だろう。

この号には早稲田大学第二文学部に入学したタレントそのまんま東と、慶応義塾大学の文学部通信教育課程を受けるお笑いコンビの浅草キッドの対談が掲載されている。そのなかで模範的学生として大学に通うそのまんま東は「キャンパスはいいぞー」「大学はいいぞー」と連呼している。そうなのだ。新しいことを学ぶのは楽しいことなのだ。むずかしいことを考えるまでもなく、この学ぶ楽しさがすべての基本だということを改めて教えてくれる。

この本では、これから新たに勉強しようとする人がどのようにすればよいかという「技術」を解説した。書き終わって強く感じたことがある。それは、本文にも書いたように、技術は分解して人に伝えることができるが、勉強しようという意欲そのものを人に伝えるのはむずかしいということである。著者としてのささやかな願いは、この本を読んでいただいた読者が、「自分も勉強してみよう」という気持ちになること、これに尽きる。

この本に書いたことは勉強の技術にすぎない。けれども私がこのような本を書くきっかけとなったのは、自分が教員として日頃接する大学生や社会人入学した人たちが、あまりにも基本的な勉強の技術を知らないことに気づかされたからである。ここに書いたことは基本的には私が研究生活を送る過程で、経験的に学んできたことである。しかし、ここに書いたことが万人にぴったりフィットするかどうかは保証の限りではない。情報カードの作り方ひとつをとっても、そのやり方は人によって千差万別である。すべては模倣から始まるというのは確かに真理ではあるが、読者はここに書かれたことを参考にして、自分なりの勉強のスタイルを作っていただきたい。

最後になったが、私が自分の研究スタイルを作るにあたって、いろいろなことを教えていただいた先生方・同僚・友人に感謝したい。また本にするにあたっては、筑摩書房編集部の山野浩一氏にお世話になった。

平成十三年秋冷の候の京都にて

東郷雄二

ちくま新書

333

独学の技術

二〇〇二年二月二〇日 第一刷発行

著者 東郷雄二（とうごう・ゆうじ）

発行者 菊池明郎

発行所 株式会社筑摩書房
東京都台東区蔵前二-五-三 郵便番号一一一-八七五五
振替〇〇一六〇-八-四一二三

装幀者 間村俊一

印刷・製本 株式会社精興社

ちくま新書の定価はカバーに表示してあります。
ご注文・お問い合わせ、落丁本・乱丁本の交換は左記宛へ。
さいたま市櫛引町二-六〇四 筑摩書房サービスセンター
郵便番号三三一-八五〇七
電話〇四八-六五一-〇〇五三

ISBN4-480-05933-4 C0237

ちくま新書

280
バカのための読書術
小谷野敦
学問への欲求や見栄はあっても抽象思考は苦手！　それでバカにされる人たちに、とりあえず、ひたすら「事実」に就くことを指針にわかるコツを伝授する極意書。

084
調査のためのインターネット
アリアドネ
様々な情報アドレスを分野別に親切なプロフィールつきでリストアップ。学生・研究者・ビジネスパーソン必携。本書以降の最新データもホームページ上でフォロー！

213
思考のためのインターネット
——厳選サイト八〇〇
アリアドネ編
経済・ビジネスから現代思想・映画まで、すぐに役立つ最重要ウェブを完全収録！　使いこむほど知的興奮を感じさせるサイト集の決定版。現代人に必携の一冊。

320
書くためのデジタル技法
二木麻里
中山元
図書館に行く前にインターネットでどこまで調べられるのか。ものを書く道具としてパソコンを整備するには？　達人二人がデジタル執筆術・検索術を徹底指南する。

331
インターネット書斎術
紀田順一郎
強みと弱点を知って使いこなせ!!　椅子や机の選び方から効率的な検索法、ホームページ主宰のノウハウまで、個人の知的生産にインターネットを役立てるコツを満載。

304
「できる人」はどこがちがうのか
斎藤孝
「できる人」は上達の秘訣を持っている。それはどうすれば身につけられるか。さまざまな領域の達人たちの〈技〉を探り、二一世紀を生き抜く〈三つの力〉を提案する。

009
日本語はどんな言語か
小池清治
文法はじつは興味津々！　本書は日本語独自の構造に根ざした方法によって構文の謎に大胆に迫る。日本語の奥の深さを実感させ、日本語がますます面白くなる一冊。

ちくま新書

072 日本語の謎を探る――外国人教育の視点から　森本順子

「今日は雨に降られた」、こういう日本語独特の受け身文をどうやって外国人に教えたらよいのだろう？　現場の第一線で活躍する著者が日本語の新たな謎に挑戦する。

253 教養としての大学受験国語　石原千秋

日本語なのにお手上げの評論読解問題。その論述の方法を、実例に即し徹底解剖。アテモノを脱却し上級の教養をめざす、受験生と社会人のための思考の遠近法指南。

258 使える四字熟語　村石利夫

長い説明より気持ちをピタッと伝えるのが四字熟語。「泣いて馬謖を切る」「月下氷人」…パソコンに登録すれば便利な四〇〇例の意味と使い方をジャンル別に示す。

274 日本語案内　中村明

ことばは人を映しだす。日本語はその奥にいる日本人を映しだす。日本語はいったいどんな言語なのだろう。身近な例をひきあいに、楽しく学べる現代日本語学入門。

290 さすが！　日本語　渡辺実

話し手の〈気持ち〉を、さりげなくしかもはっきり表現できる日本語。そのパワーの源は、「さすが」「せめて」など副用語にあった。日本語の底力を徹底解明！

041 英文法の謎を解く　副島隆彦

なぜ英文法はむずかしい？　明治以来の英語教育の混乱に終止符をうち、誰でもわかる英文法をめざした渾身の徹底講義。比較級・仮定法のステップもこれでＯＫ！

106 続・英文法の謎を解く　副島隆彦

好評の前著『英文法の謎を解く』の第2弾。基本動詞の使い方から、文型論・発音論、日本の英語教育問題まで、面白さをさらにパワー・アップした白熱の徹底講義！